中等职业教育规划教材
ZHONGDENG ZHIYE JIAOYU GUIHUA JIAOCAI

曾雄兵 张淑娟 ◎ 主编
陈霖 李林红 梁文志 ◎ 副主编

就业指导与创业教育

第2版

人 民 邮 电 出 版 社
北 京

图书在版编目（CIP）数据

就业指导与创业教育 / 曾雄兵，张淑娟主编. -- 2版. -- 北京 : 人民邮电出版社，2013.3（2015.8重印）
中等职业教育规划教材
ISBN 978-7-115-30759-0

Ⅰ. ①就… Ⅱ. ①曾… ②张… Ⅲ. ①职业选择－中等专业学校－教材 Ⅳ. ①G717.38

中国版本图书馆CIP数据核字(2013)第024170号

内容提要

本书按照中等职业学校毕业生求职和创业的过程，较详细地讲述认识自我、职业认识、职业素养、求职面试、就业指导、创业准备、创业实施等专题内容，最后还进行了案例分析。通过本书学习使中等职业学校学生能掌握一定的就业与创业基本知识，养成符合职业需要的职业素质，树立正确而务实的职业理想；学会依据社会发展、职业需求和个人特点树立就业观念；了解就业的政策、形式、程序，掌握一些劳动就业的权益知识，以便顺利就业；增强提高自身全面素质、自主择业、立志创业的自觉性和主动性，为即将走向社会做好就业准备。

本书可作为中等职业学校、技工院校就业指导和创业教育的公共课教材。

中等职业教育规划教材

就业指导与创业教育（第2版）

◆ 主　　编　曾雄兵　张淑娟
副 主 编　陈　霖　李林红　梁文志
责任编辑　王　平

◆ 人民邮电出版社出版发行　　北京市丰台区成寿寺路11号
邮编　100164　　电子邮件　315@ptpress.com.cn
网址　http://www.ptpress.com.cn
北京隆昌伟业印刷有限公司印刷

◆ 开本：787×1092　1/16
印张：10.25　　2013年3月第2版
字数：234千字　　2015年8月北京第5次印刷

ISBN 978-7-115-30759-0

定价：25.00元

读者服务热线：(010) 81055256　印装质量热线：(010) 81055316
反盗版热线：(010) 81055315
广告经营许可证：京崇工商广字第0021号

本书编委会成员

主　编：曾雄兵　张淑娟

主　审：郇鹏天

副主编：陈　霖　李林红　梁文志

编　委：余珊珊　祁喜和　杨文佑　李忠海

王建民　孟　勇　王志红　林妙清

第 2 版前言

也许从你踏进中职校门的第一天起，就会不断有人向你善意地提醒：就业是多么的困难，竞争是多么的激烈，你应该多么的勤奋与努力，才能在竞争激烈的社会中占据一席之地。诚然，能够给予你这些告诫的人，是关心和爱护你的人，但是，他们却忽略了快乐的学习和生活对于你才是最重要的。

现在的你十六七岁，正值人生最美好的季节，你也许对未来有些憧憬，也许对生活有些迷茫，也许对枯燥的书本不感兴趣，也许会产生一些朦胧的情愫……当你阅读本书时，就可能找到了问题的答案。

"竹密无妨流水过，山高不碍白云飞。"编者立志写一本生动、活泼、有滋有味的书，让学生能够在动手、动脑中体会智慧的无穷乐趣，这里欢迎思辨，欢迎挑战，发挥你的奇思妙想吧，只要你动手了，只要你思考了，你就能够充满智慧地面对自己的人生。

本书共分为 8 篇，是按照中职毕业生求职和创业过程的顺序编写而成的，书中的前 7 篇分为 7 个专题——认识自我、职业认识、职业素养、求职面试、就业指导、创业准备和创业实施，第 8 篇为案例分析借鉴，希望你能从这些案例中获得灵感，所谓"他山之石，可以攻玉"。

在求职开始前，你需要明确自己的职业发展方向。也许你时常问自己：我是谁？我要干什么？我能干什么？只有认识了自己，才能更好地选择生活，"认识自我"专题旨在帮助你找寻真正的自我，这不仅对就业，而且对整个人生发展都非常重要。

"知己知彼，百战不殆。"认识自我的同时，也要对职业有一定的了解，这对你的择业有很大的帮助，较第 1 版书，此修订还介绍了求职过程中的一些技巧，这些都是本书的重点内容。

另外，本书还为准备创业的同学提出了一些建议，你需要准备什么？做什么？如何做？怎样才能获得成功？在谈笑间，希望能给你一些创业的帮助。

本书以漫画与正文相结合的方式，旨在从传统文化中汲取更多的营养，使学生从书中获得快乐和智慧。书中以唐僧师徒取经之路上的种种困难为主线，通过主人翁之间精辟的问答，带领读者进入知识探究栏目。全书共有 22 个需要学生实际动手操作的活动，这 22 个活动归纳起来，就是一份属于个人的职业生涯规划书。相信同学们在轻松、快乐地完成这 22 个活动后，对自己未来的走向已经心中有数，在不经意间获得人生最真实的寻宝图，引领同学们探寻人生的宝藏。

本书体例及具体栏目设计如下。

★ **看图悟道**：以《西游记》中唐僧师徒取经为插图内容，进而提出问题，使同学们从中悟出道理。

★ **知识探究**：针对“看图悟道”中提出的问题，阐述、讲解相关内容。

★ **案例启迪**：通过唐僧师傅分析案例来启发并帮助学生理解相关知识。

★ **学以致用**：每学完一课，就让学生行动起来去实践，达到学以致用的目的。

★ **知识拓展**：对每一课知识的补充与拓展，使学生获得更多的相关知识。

本书的内容与体例安排，充分体现了新课改的教学理念，科学引领教与学的全过程。希望同学们在阅读本书的同时，能够开阔自己的眼界，并从中悟出：你的人生是独属于自己的人生。伸出你的双手，然后紧紧地握住拳头，大声地告诉自己：命运掌握在自己的手中！

本书由曾雄兵、张淑娟任主编，郇鹏天任主审，陈霖、李林红、梁文志任副主编。参加编写工作的还有邹春芳、赵莉、高莺娜、杨明、陈一锐、王师、李佳钰、李雪莲、汤林芯。

本书在编写过程中，参阅了许多文献资料，在此对其作者、编者表示真诚的感谢。由于编者水平有限，编写时间仓促，书中难免存在缺点和不妥之处，敬请广大读者批评指正，以求日臻完善！

编　者

2012 年 12 月

目录

我是谁？
我喜欢做什么？
我能做什么？

第一篇

知人者智，自知者明
——认识自我

第一课 百学须先立志

——确定理想与自我分析

【至理名言】

古之立大事者，不惟有超世之才，亦必有坚忍不拔之志。

——苏　轼

志不可一日坠，心不可一日放。

——王　豫

【看图悟道】

想一想，你最初的梦想是什么？________________________________

____

____

【知识探究】

一、我的梦想

1. 最初的梦想

小时候，大家都有许多五彩斑斓的梦想，或是想当一名宇航员，或是想做一名辛勤耕耘的园丁，正如你所写下的“最初的梦想”那样……随着岁月的流逝，大家渐渐成长为少年，自己的理想也越来越与现实接轨，现在的你，所拥有的理想和确立的目标是不是紧贴现实了呢？

“想要壮志凌云，就要脚踏实地。”如果你最初的梦想与现实距离太过遥远，就需要考虑换一个切实的目标，或许“跳起来摘个苹果”才是最理想的状态；如果你最初的梦想仍然颇具可行性，那么你所要做的便是坚持不懈、勇往直前。

2. 理想

理想指人们希望达到的人生目标和追求向往的奋斗前景。所谓理想的事物，是以人对现在的认识为参照的。理想是人生的奋斗目标，是人们对未来的一种有可能实现的想象。树立良好正确的理想，对于我们的人生道路有很大的帮助，在生活理想上要追求健康高尚的生活方式，做生活的强者；在职业理想上要把社会发展需要和自身实际结合起来，成为社会的有用人才；在道德理想上要养成良好的品德，做高尚的人；在社会理想上要志存高远，成为大有作为的人。有了正确的理想，我们才能“直挂云帆济沧海，长风破浪会有时”。

我们每个人都拥有自己最初的梦想，也许随着时间的流逝，这种梦想已经渐渐模糊，但是，只要我们脚踏实地、坚持自己的理想，永不言弃，一定能够获得成功，实现自己的理想。

著名的汽车大王福特自幼帮父亲在农场干活，当他12岁时，就在头脑中构想出一种能够在路上行走的机器，这种机器可以代替牲口和人力。可是，当时他的父亲要求他必须在农场当助手，不过福特坚信自己可以成为一名出色的机械师。于是，他用一年的时间完成了别人要三年才能完成的机械训练，随后又花两年研究蒸气原理，试图实现他的目标，然而却没成功。随后他又投入到汽油机的研究上来，每天都梦想着制造出一辆汽车。其创意被大发明家爱迪生所赏识，邀请他到底特律担任工程师。经过十年的辛苦努力，在29岁时，福特成功地制造出第一辆汽车引擎。今日的美国，平均每个家庭都有一辆以上的汽车；今日的底特律，也已成为美国最大的工业城市之一。

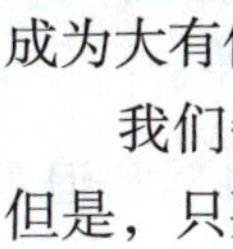

福特小时候就有这样一个理想，所以他在成长的过程中一直为这个理想努力奋斗，坚持不懈，最终实现了自己的理想。

3. 理想的特点

理想是一种正确的想象，具有不同于幻想、空想和妄想的突出特点。

理想具有实践性、社会性和超前性 3 大特点。

（1）实践性。理想的实践性是指理想作为一种想象，正确的反映客观实际，正确的反映现实与未来的关系，合乎事物变化和发展的规律，经过努力是可以实现的。

（2）社会性。理想是人类特有的一种精神现象，具有鲜明的社会性。理想的社会性是指理想不是离开社会的孤立的个人的随意想象，而是由社会制约和决定的想象。

人类最早使用的火药是黑火药，是硝石、硫磺和木炭三种粉末的混合物，是我国劳动人民在一千多年前发明的。它闻名于世，被称为我国古代科技四大发明之一，在化学史上占有重要的地位。新炸药是由诺贝尔发明的，但诺贝尔发明炸药的初衷并不是为了要增加战争伤亡，而是为了更好的造福于人。诺贝尔发明炸药也是历经了种种磨难和伤痛，诺贝尔在父亲的工厂里，工作到 1859 年该工厂破产为止。重返瑞典以后，诺贝尔开始制造液体炸药硝化甘油。在这种炸药投产后不久的 1864 年，工厂发生爆炸，诺贝尔最小的弟弟埃米尔和另外 4 人被炸死。由于危险太大，瑞典政府禁止重建这座工厂，被认为是“科学疯子”的诺贝尔，只好在湖面的一只船上进行实验，寻求减小搬动硝化甘油时发生危险的方法。在一次偶然的机会，他发现：硝化甘油可以被干燥的硅藻土所吸附，这种混合物可以安全运输。渐渐地，炸药被发明出来了。诺贝尔是一位和平主义者，但在炸药发明后被用于战争，这让诺贝尔很痛苦。

包括诺贝尔在内的许多发明家，他们都有强烈的社会责任感，个人的理想总是紧紧地和社会联系在一起。诺贝尔的初衷是希望自己发明的炸药能够为人类在工业生产及工程建设中发挥作用，他绝不希望炸药给人类带来灾难。

（3）超前性。理想的超前性是指人们在现实生活的基础上希望达到的人生目标和追求向往的奋斗前景。

飞机的发明，是 20 世纪最重大的发明之一。人类自古以来就梦想着能像鸟一样在天空中飞翔。而两千多年前中国人发明的风筝，虽然不能把人带上天空，但它确实可以称为飞机的鼻祖。

20 世纪初在美国有一对兄弟，他们在世界的飞机发展史上做出了重大的贡献，他们就是莱特兄弟。在当时大多数人认为飞机依靠自身动力的飞行完全不可能，而莱特兄弟却不相信这种结论，从 1900 年到 1902 年，他们兄弟进行 1 000 多次滑翔试飞，终于在 1903 年制造出了第一架依靠自身动力进行载人飞行的飞机“飞行者 1 号”，并且获得试飞成功。他们因此于 1909 年获得美国国会荣誉奖。同年，他们创办了“莱特飞机公司”。这是人类在飞机发展的历史上取得的巨大成功。

飞机对于现代人已经不是什么新鲜的事了，但在古代，铁能够飞在空中，并且能够搭载人，这不能不说是一个“美丽的幻想”，这是一个很有超前性的理想。千百年来，人类坚定着理想，最终实现了飞天的梦想。

4. 事业理想

事业理想是人们在一定社会部门从事具有一定目标、规模和系统的对社会发展有影响的社会生产或其他社会活动的理想，一般可以有两层意思：一是指对某项事业未来发展方向和目标的构想，如理想的教育事业、理想的科学事业等；二是人们对从事某项事业并达到一定目标的构想，如从事文学事业的理想，从事商业的理想，从事电子工业的理想等。一般说的事业理想都是指后者，人们常说的有“事业心”、“事业心强”就是指这种事业理想。

2011 年小李中职毕业后，没有去分配的单位，而是和几个朋友南下深圳去开饭馆。和很多创业者一样，小李也经历了一番风雨，并不是一帆风顺的。家人曾经劝他放弃，但是他坚持自己的理想，最终成为拥有好几家连锁饭店的老板。

坚持到底就是胜利，小李对自己的事业理想做出了正确的规划，并且有坚持下去的决心和毅力，所以取得了成功。

5. 职业理想

职业是事业内部分工的专业劳动，是个人在社会中从事的主要生活来源的工作。职业理想是个人从事某种专业劳动工作的理想。职业理想的内容包括两个方面：一是人们对一定职业未来发展的理想；二是人们期望从事一定职业并做出成绩，获得物质和精神财富，满足基本需要，实现自我价值的理想。一般常说的职业理想就是指后者。

申芬是安徽省某师范学校的毕业生，小时候她就树立了当教师的理想，并为之不断奋斗着，在她的心目中，教师这个职业无上光荣。在学校她认真学习专业知识，苦练基本功，毕业后终于进入当地的一所小学，成为一名光荣的人民教师。

为理想而奋斗是快乐而骄傲的事情，申芬从小就树立了自己作为教师的职业理想，并一直努力奋斗，最终实现了自己的理想。

6. 创业理想

创业理想就是开拓创建新事业的理想，是创业主体对开拓创建新事业的科学构想，是创业活动的理论认识。创业理想不仅是整个创业活动的意识形态形式，是创业内容、目标、途径和方式的构想，还是创业主体情感、兴趣、志向、特长乃至道德和审美理想的全面体现。创业理想是以创业内容和目标为核心，充分体现创业主体情感和兴趣、志向、道德、审美观的未来美好愿景，是创业主体的理性、情感、精神综合作用构想的未来现实。因而，不能把创业理想单纯理解为创业实践活动的某一简单的金钱目标或权利目标、地位目标、名誉目标，创业理想必须体现创业主体全面自我实现、体现满足社会需要的完整的新的价值。

中职生小舟是一位 80 后代表，毕业 5 年，他已经成为当地有名的创业之星。通过几年的奋斗，他现在的个人资产已经达到了 20 万元，他现在的公司里也有一批原中职学校的学生，大家共同奋斗，为公司的发展贡献自己的力量。直到现在，小舟还始终保持着开始创业时的激情，他说，“现在公司的回报率是 100%，我觉得这还远远不够，希望我可以做得更好。”

随着社会的发展，自主创业的人群越来越多，在战胜困难、最终获得成功后，自己的理想得到了实现，本案例中的小舟和他的同事们便是自主创业并实现理想的代表人物，他心怀创业理想努力奋斗，最终获得了成功。

7. 如何实现理想

如果将理想比作金字塔的话，那么到达终极目标的路程就是一个建造金字塔的艰难过程。巍峨雄伟的金字塔，是人类智慧的结晶。金字塔是由一块石头、一块石头垒起来的，这一块块的石头，便是被细化了的目标，没有它们，理想的金字塔就不可能高耸。将大目标分为若干个小目标，是实现理想的重要方法。

1984年，在东京举办的国际马拉松邀请赛中，名不见经传的日本选手山田本一出人意料地夺得了世界冠军。但记者问他凭什么取得了如此惊人的成绩时，他说了一句话：凭智慧战胜对手。当时很多人都认为这个偶然跑到前面的矮小子是在故弄玄虚。马拉松是体力和耐力的运动，只要身体素质好又有耐性就有望夺冠，爆发力和速度都还在其次，说智慧取胜确实有点勉强。两年后，意大利国际马拉松邀请赛在意大利北部城市米兰举行，山田本一代表日本参加比赛。这一次，他又夺得了世界冠军。记者又请他谈经验，山田本一性情木讷，不善言谈，回答的仍然是上次那句话：用智慧战胜对手。这回记者对他所说的用智慧战胜对手还是迷惑不解。

10年后，这个谜底终于揭开了。

山田本一在他的自传里这样说的：每次比赛之前，我都要乘车把比赛的线路仔细看一遍，并把沿途比较醒目的标志画下来，比如第一个标志是银行，第二个标志是一棵大树，第三个标志是一座红房子……这样一直画到赛程的终点。比赛开始后，我就以百米的速度奋力地向第一个目标冲去，等到达第一个目标之后，就又以同样的速度向第二个目标冲去，40多公里的赛程，就被我分解成这么几个小目标轻松地跑完了。起初，我不懂这样的道理，我把我的目标定在40公里外终点线上的那面旗帜上，结果我跑到十几公里处就疲惫不堪了，我被前面的那段遥远的路程给吓倒了。当我明白这个道理之后，坚持下去便不是难事了。

在实现理想的过程中，把长期的理想分为若干个近期理想，把一个大目标科学地细分成若干个切实可行的小目标，每实现一个小目标，就得到一次激励，从而推动我们不断地前进，最终实现自己的理想。

理想基于现实，却又超越现实，它牵引着人们走向更美好的生活。它体现着人类的全部高贵、尊严和生生不息的进取心。没有它的牵引和支撑，人类不可能发展和维持到今天。

我们要坚信自己的理想，脚踏实地去奋斗，“穷且益坚，不堕青云之志。”当然，想要壮志凌云，必须要脚踏实地，在树立理想的同时，对自己的兴趣、能力都要有一个客观的认识。

二、全面认识自己

认识自己不是一件容易的事情。由于自己的眼睛总是忙于向外看，看自然界、社会、他人，看得眼花缭乱，很少有闲暇来看自身。即便有时看看自身，也只是扫视一下自己的外表，这种“物镜”对于认识自我有很大的局限性，只能看到自我的正面。人可以借助于“心镜”来反思自我，但“心镜”上难免蒙有来自内在的自然和外在的自然飘逸来的尘埃。

1. 自我评价

自我评价是自我认识的一种形式，是主体对自己思想、愿望、行为和个性特点的判断和评价，它是自我意识发展的产物，是自我教育的重要条件。自我评价的一般规律是：评价他人的行为→评价自己的行为→评价自己的个性品质。人对自己的思想、动机、行为和个性的评价，直接影响学习和参与社会活动的积极性，也影响着与他人的交往关系。一个人如果能够正确地、如实地认识和评价自己，就能正确地对待和自理个人与社会、集体及他人的关系，有利于自己克服缺点、发扬优点，在工作中充分发挥自己的作用。

2. 自我评价的原则

（1）适当。不适当的自我评价不是评价过高就是评价过低。过高的评价往往会使自己脱离实际，意识不到自身条件的限制，自傲狂妄，甚至由自信走向自负。过低的自我评价，往往会忽视自身的长处，使自己缺乏自信，过于自卑，从而不思进取，当一天和尚撞一天钟。总之，过高或过低的自我评价对自己都是不公平的。

（2）全面。全面是指既要看到自己的优点，又要看到自己的缺点，既要对自己某一方面的特殊素质进行具体评价，又要对其他各方面的整体素质进行综合评价。任何一种片面孤立的自我评价，都不可能全面而正确地反映自己的整体素质状况。

（3）客观。尽管是自己对自己进行观察、分析和评价，但必须要以客观事实作为基础和依据。人贵有自知之明，但在自知的过程往往会受到个人主观因素的限制和干扰。只有努力克服和排除这种限制和干扰，才可能使自我评价趋于客观和真实。

（4）以发展变化的眼光看待自己。自我评价不但应当对自己的现实素质作出适当、全面、客观的评价，而且应当着眼于未来的发展变化，预见性地估计自己将来的发展潜力和前景。

3. 自我认识的内容

自我认识是对自我性格、行为、情感、价值、社会角色等与自我有关的一切因素的认识，包括生理自我、心理自我、理性自我和社会自我几个部分。

生理自我主要包括自己的相貌、身体、穿着打扮等方面。

心理自我主要包括对自我的性格、气质、意志、情感、能力等方面优缺点的评判与评估。

理性自我主要包括对自我的思维方式和方法、知识水平、道德水平等因素的评价。

社会自我主要包括对自己在社会上所扮演的角色，在社会中的责任、权利、义务、名誉，他人对自己的态度以及自己对他人的态度等方面的评价。具体从以下两个方面进行评价。

（1）自身综合素质、能力的自我测评，如学习成绩在全班中的名次，自己的技能、体力、品德和心理素质以及自己的特长、爱好，自己有何出众的能力等。

> 世界上最困难的事情就是认识自己。
>
> ——希腊谚语

（2）分析自己的性格、兴趣和气质。一个人的性格和气质对所从事的工作有一定的影响，如果能从事与自己的性格、气质相符的工作，也许更容易出成绩。

自己在择业的过程中，具有哪些优势，哪些劣势，该如何扬长避短，问一问自己究竟想做什么，自己想在哪一方面有所发展，想成为什么样的人才，即自己的“满足感”是什么，“价值标准”是什么，是否考虑过自己求职中最关心的问题是什么，这个问题能让自己清楚在求职时到底注重什么，哪些是主要的，哪些是次要的。

【学以致用】

我是一个什么样的人？

活动准备　白纸、笔。邀请自己的父母、老师、同学做搭档。

步骤一　先取出三张白纸，在每张纸的最上面分别写上：我是谁？我眼中的自己是什么样的？别人眼中的自己是什么样的？

步骤二　在第一张白纸上认认真真地写下自己的大名。

步骤三　静下心来，排除杂念，面对心灵最深处的自己，在第二张白纸上写下自己眼中的“我”是什么样的，想到什么写什么。

步骤四　分别在第三、四、五张的白纸上请自己的父母、老师和同学写下他们眼中的自己。

步骤五　认真比较第二、三、四、五张纸上的答案，将内容相近或相同的答案用一条横线连起来，看看有几条横线。

这些横线指向的就是你初步的样子。如果想对自己有一个更加透彻的认识，可以加入专业测评。

【知识拓展】

自我认识

——橱窗分析法

心理学家们曾把对个人的了解比做橱窗一样，为了便于理解，我们把橱窗放在直角坐标中加以分析。坐标的横轴正向表示别人知道，负向表示别人不知道；坐标的纵轴正向表示自己知道，负向表示自己不知道。坐标橱窗图如图 1－1 所示。

橱窗 1　为自己知道、别人知道的部分，称为“公开我”，属于个人展现在外，无所隐藏的部分。

橱窗 2　为自己知道、别人不知道的部分，称为“隐私我”，属于个人内在的私有秘密部分。

橱窗 3　为自己不知道、别人也不知道的部分，称为“潜在我”，是有待开发的部分。

橱窗4 为自己不知道、别人知道的部分，称为“背脊我”，犹如一个人的背部，自己看不到，别人却看得很清楚。

通过4个橱窗可知，须加强了解的是橱窗3和橱窗4。

橱窗3是“潜在我”。据科学家研究发现，每个人都有巨大的潜能，人类平常只发挥了极小部分的大脑功能。如果一个人能发挥一半的大脑功能，将轻易地学会40种语言，背整套百科全书，拿12个博士学位。著名心理学家奥托指出，一个人一生所发挥出来的能力，只占他全部能力的4%，也就是说一个人96%的能力还未开发。赫赫有名的控制论奠基人维纳说：“可以完全有把握地说，每个人即使他是做出了辉煌成就的人，在他的一生中利用他自己的大脑潜能还不到百亿分之一。”由此可见，认识、了解“潜在我”，是自我认识的重点之一。

橱窗4是“背脊我”。如果自己诚恳地、真心实意地征询他人的意见和看法，就可以了解“背脊我”。

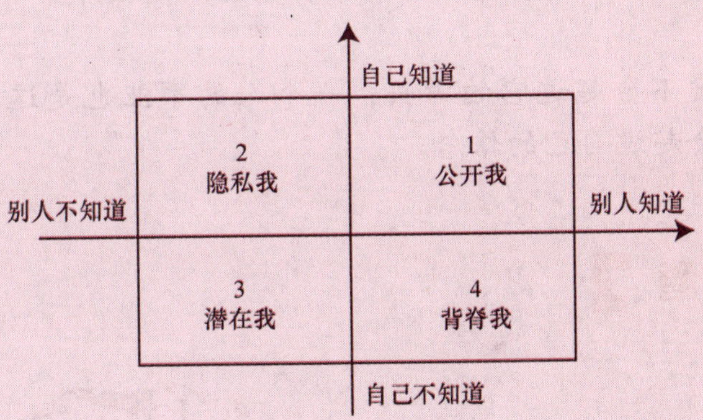

图1－1 坐标橱窗图

第二课 天高任鸟飞

——职业兴趣分析

【至理名言】

生活就像海洋，只有意志坚强的人，才能到达彼岸。

——马克思

喷泉的高度不会超过它的源头；一个人的事业也是这样，他的成就绝不会超过自己的信念。

——林　肯

【看图悟道】

想一想，你喜欢什么样的职业？____

____

____

知识探究

一、职业兴趣

俗话说：萝卜青菜各有所爱。每个人的喜好不同，就会有不同的选择。在选择职业时，职业兴趣就像是一双无形的手，引导我们找到最适合自己的职业之路。

兴趣是人们力求认识、掌握某种事物，并经常参与该事物有关活动的心理倾向，或者说，兴趣是人们积极探究某种事物的认识倾向，如有的人喜欢观察大自然的变化，有的人喜欢操作计算机，有的人喜欢研究数学，有的人喜欢文学等。人们对某种职业感兴趣，就会对该种职业活动表现出肯定的态度，并积极思考、探索和追求。

职业兴趣是劳动者对某种类型的工作或活动由关注或被吸引而能够专心致志的特殊个性倾向。它对某种职业给予优先的关注，并具有向往的情感。了解自己的职业兴趣，培养自己的职业兴趣将会影响到以后对工作的投入程度，一个人对某项职业有兴趣，才会热爱这一职业，才会激发起他对工作强烈的求知欲、探索欲，才会有所发明，有所创造，有所前进。这既是一种自我开发和展露，又是对工作的促进和推动，有助于事业的成功。反之，强迫做自己不愿意做的工作，对精力、才能都是一种浪费。不同的职业需要不同的兴趣特征。

一个擅长技能操作的人，靠他灵巧的双手，在技能领域内得心应手，但如果硬把他安排在与人交往的营销和公关岗位上，他会感到无用武之地。王虎是20世纪90年代的职校生，在工作中潜心钻研，是非常优秀的高级技工，在自己所在的工段作出了贡献，于是被提升为部门经理。但是王虎坐在办公室里总感到周身不适，在接待客户的时候，总是紧张，导致他的自信心受挫，对于工作的热情大大减少，于是他向单位领导申请，再调回原来的工作岗位。回到自己熟悉的岗位后，王虎工作起来又开心、又积极。

在自己喜欢的岗位上，王虎又重新找回了信心。只有做自己喜欢做的事情，工作起来才会积极向上，才会取得成绩。

二、职业兴趣的形成和分类

兴趣的发展一般经历有趣、乐趣、志趣3个阶段。一个人的兴趣、爱好可能有多种，一般只是达到前两个阶段，当人们的兴趣已升华为志趣，并在现实社会中能够指向相应的某一职业时，就形成了职业兴趣。按职业兴趣的成因可将其分为以下两种。

兴趣导向型——由于就业者对某一类事物感兴趣，进而使这类事物在社会活动中所映射的具体职业成为就业者的兴趣和志向所在。

职业导向型——现实生活中，因个人的兴趣而找到理想职业的情况不是经常发生的，很多时候，就业者不得不把职业作为生存的手段而暂时放弃个人兴趣。此后，在长期工作过程中，随着职业环境、职业教育影响的深入及就业观念的成熟化、理性化，使得对本职工作逐渐产生职业兴趣。

目前，已有的职业分类体系虽可以将国民经济各行业进行科学、合理的划分，但对于刚毕业的学生来说，职业的概念仍然是比较抽象的，对于职业的认识也是朦胧的，择业的过程依然是盲目和缺乏前瞻性的，因此，依据职业兴趣的不同进行分类，并各自对应与之适应的职业，是人们选择职业的理想依据之一。

根据加拿大《职业分类词典》将职业兴趣分为以下10种类型。

1. 愿与事物打交道

喜欢与事物打交道，而不喜欢与人打交道。相应的职业诸如制图、勘测、工程技术、建筑、机器制造、出纳、会计等。

2. 愿与人接触

这类人喜欢与人交往，对销售、采访、传递信息一类的活动感兴趣。相应的职业有记者、推销员、服务员、教师、行政管理人员、外交联络等。

3. 愿做有规律的工作

这类人喜欢常规的、有规则的活动，习惯于在预先安排好的程序下工作。相应的职业有邮件分类、图书管理、档案管理、办公室工作、打字、统计等。

4. 喜欢从事社会福利和助人工作

乐意帮助人，他们试图改善他人的状况，帮助他人排忧解难。相应的职业有律师、咨询人员、科技推广人员、医生、护士等。

5. 愿做领导和组织工作

喜欢掌管一些事情，希望受到众人尊敬和获得声望。相应的职业是各级各类组织领导管理者，如行政人员、企业管理干部、学校领导、辅导员等。

6. 喜欢研究人的行为

对人的行为举止和心理状态感兴趣，喜欢谈论人的问题，相应的职业大都是研究人、管理人的工作，如心理学、政治学、人类学、人事管理、思想政治教育等研究工作以及教育、行为管理工作。

7. 喜欢从事科学技术事业

对分析、推理、测试等活动感兴趣，擅长于理论分析，喜欢独立地解决问题，也喜欢通过实验有所新发现。相应的职业是生物、化学、工程学、物理学、地质学等。

8. 愿从事抽象的创造性工作

对个人才干有信心，急于独立地研究、发现和解决问题。相应的职业有科学研究、实验室工作，新产品和新材料的开发研制等。

9. 喜欢从事操作机械的技术工作

对运用一定技术，操作各种机械、制造新产品或完成其他任务感兴趣。他们喜欢使用工具，特别是喜欢大型的、马力强的、先进的机器，喜欢具体的东西。相应的职业有飞行员、驾驶员、机械制造、建筑、石油、煤炭开采等。

10. 喜欢具体的工作

希望能很快看到自己的劳动成果，愿从事制作能看得见、摸得着的产品的工作，并从完成的产品中得到满足。相应的职业有室内装饰、园林、美容、理发、手工制作、机械维修、厨师等。

应当注意的是，从事某项工作，虽然具备该职业所要求的能力，但如果缺乏兴趣，只要求完成任务，做起来就会索然无味，那么在职业上发展成功的可能性是很小的。同时，兴趣不代表能力，对某一特定职业有兴趣并不意味着一定能干好这个职业，只有在对某职业感兴趣的同时，还具有该职业所要求的能力，才能做好这个工作。

三、所学专业及相关职业对职业兴趣的要求

学校的专业设置基本符合社会职业群的需要，并与之关系紧密。从理论上说，中职生从被某专业录取的那一刻起就决定了未来的职业方向和就业层次，因此，为了能够“学为所用”，将来更好地从事个人感兴趣的工作，中职生从选定专业开始，了解和培养相关职业对从业者职业兴趣的要求是很有必要的。

表 1－1 所示为财务会计专业对从业者和职业兴趣的要求，供中职生在收集整理自己所学专业对相关职业的兴趣要求时参考。

▼表 1－1　财务会计专业对从业者职业兴趣的要求

序　号	对从业者职业兴趣的要求
一	1. 觉得通过做买卖赚钱然后将钱存入银行生息很有意思 2. 常能发现别人组织活动的不足，并提出建议促进其改进 3. 有信心说服别人接受自己的观点 4. 心算能力强，对一大堆数学感兴趣 5. 在学校做过学生干部，并且干得不错 6. 事先仔细考虑某件事的利弊得失 7. 会在别人与你理论时换一个角度思考，并发现其中的漏洞 8. 相信自己做个体户也会很成功
二	1. 能够用 1 ~2 个小时抄写一份不感兴趣的材料 2. 能按领导和教师的要求尽力做好每一件事 3. 饶有兴趣并认真地填写表格 4. 如果在讨论时，许多人的观点与你的不同，你就不发表自己的观点 5. 常觉得自己周围的人比自己有能力 6. 喜欢重复别人已经做过的事，而不喜欢自己动脑筋探索新问题 7. 喜欢已经习惯了的工作和责任小一些的工作 8. 觉得由于自己的工作使所从事的事业日复一日地运转很有意思
三	1. 喜欢主动给朋友打电话或写信 2. 能够写出 5 个你自认为够朋友的人 3. 愿意参加学校组织的各项活动 4. 遇到有困难的人愿意帮助并表示同情安慰 5. 喜欢去新的场所结交新的朋友 6. 常会由于各种原因原谅、同情、甚至帮助一些令人讨厌的人 7. 会积极参加一些无报酬但有意义的活动 8. 为了让人产生良好的印象而十分注意自己的仪表风度

【学以致用】

确定我的职业兴趣

请仔细阅读下面的问题，对于每项活动，如果你的回答是肯定的话，则在“是”一栏的方框中画“√”；如果你的回答是否定的话，则在“否”一栏的方框中画“√”。最后把“是”一栏的回答次数相加，填入“总计次数”栏中。

第一组	是	否
1. 你喜欢自己动手修理收音机、自行车、缝纫机、钟表、电线开关这类器具吗？	□	□
2. 你对自己家里使用的电扇、电熨斗等器具的质量和性能了解吗？	□	□
3. 你喜欢动手做小型的模型（诸如滑翔机、汽车、轮船、建筑模型等）吗？	□	□
4. 你喜欢与数字、图表打交道（诸如记账、制表、制图）的工作吗？	□	□
5. 你喜欢制作工艺品、装饰品和衣服吗？	□	□
总计次数	□	□

第二组	是	否
1. 你喜欢在别人买东西的时候当顾问吗？	□	□
2. 你热衷于参加集体活动吗？	□	□
3. 你喜欢接触不同类型的人吗？	□	□
4. 你喜欢拜访别人、爱与人讨论各种问题吗？	□	□
5. 你喜欢在会议上积极发言吗？	□	□
总计次数	□	□

第三组	是	否
1. 你喜欢没有干扰、有规则地从事日常工作吗？	□	□
2. 你喜欢对任何事情都预先做周密的安排吗？	□	□
3. 你善于查阅字典、辞典和资料索引吗？	□	□
4. 你喜欢按固定的程序有条不紊地工作吗？	□	□
5. 你喜欢做把事物分类和归档的工作吗？	□	□
总计次数	□	□

第四组	是	否
1. 你喜欢倾听别人的难处并帮助别人解决困难吗？	□	□
2. 你愿意为残疾人服务吗？	□	□
3. 在日常生活中，你愿给人们提供帮助吗？	□	□
4. 你喜欢向别人传授知识和经验吗？	□	□
5. 你喜欢在病房里照顾病人的工作吗？	□	□
总计次数	□	□

第五组	是	否
1. 你喜欢主持班级集体活动吗？	□	□

2. 你喜欢接近领导和老师吗？	□	□
3. 你喜欢在人多时当众发表自己的观点和意见吗？	□	□
4. 如果老师不在时，你能主动维持班里学习和生活的正常秩序吗？	□	□
5. 你具有强烈的责任感和工作魄力吗？	□	□
总计次数	□	□
第六组	是	否
1. 你特别爱读文学著作中对人内心世界的细致描写吗？	□	□
2. 你喜欢听人们谈论他们的活动和想法吗？	□	□
3. 你喜欢观察和研究人的心理和行为吗？	□	□
4. 你喜欢阅读领袖人物、政治家、科学家等名人的传记吗？	□	□
5. 你很想了解世界各国的政治和经济制度吗？	□	□
总计次数	□	□
第七组	是	否
1. 你喜欢参观技术展览会或收听（收看）技术新消息的节目吗？	□	□
2. 你喜欢科技杂志（诸如《我们爱科学》、《科学24小时》、《科学动态》）吗？	□	□
3. 你想了解生机勃勃的大自然的奥秘吗？	□	□
4. 你想了解使用科学精密仪器和电子仪器的工作吗？	□	□
5. 你喜欢复杂的绘图和设计工作吗？	□	□
总计次数	□	□
第八组	是	否
1. 你想设计一种新的发型或服装吗？	□	□
2. 你喜欢作画吗？	□	□
3. 你试着写小说或编剧本吗？	□	□
4. 你很想参加学校宣传队或演出小组吗？	□	□
5. 你爱用新方法、新途径来解决问题吗？	□	□
总计次数	□	□
第九组	是	否
1. 你喜欢操作机器吗？	□	□
2. 你很羡慕机械类工程师的工作吗？	□	□
3. 你想了解机器的构造和工作性能吗？	□	□
4. 你喜欢交通驾驶类的工作吗？	□	□
5. 你喜欢参观和研究新的机器设备吗？	□	□
总计次数	□	□
第十组	是	否
1. 你喜欢从事非常具体的工作吗？	□	□
2. 你喜欢做很快就看到产品的工作吗？	□	□
3. 你喜欢做让别人看到效果的工作吗？	□	□
4. 你喜欢做那种时间短，但可以做得很好的工作吗？	□	□

5. 你喜欢做有形的事情（诸如纺织、烧饭）而不喜欢抽象活动吗？ □ □

总计次数 □ □

［统计方法］

根据对每组问题回答“是”的总次数，填写在表1-2中。

▼表1-2 职业兴趣统计表

组 别	回答“是”的总次数	相应的兴趣类型
第一组	（ ）	愿与事物打交道
第二组	（ ）	愿与人接触
第三组	（ ）	愿做有规律的工作
第四组	（ ）	喜欢从事社会福利和助人工作
第五组	（ ）	愿做领导和组织工作
第六组	（ ）	喜欢研究人的行为
第七组	（ ）	喜欢从事科学技术事业
第八组	（ ）	愿从事抽象的创造性工作
第九组	（ ）	喜欢从事操作机械的技术工作
第十组	（ ）	喜欢具体的工作

在答“是”的总数一栏中，得分越高，相应的兴趣类型就越符合你的职业兴趣特点；得分越低，相应的兴趣类型就越不符合你的职业兴趣特点。

至此，你对于如何给自己进行职业定位该有个大致的了解了。一个理想的职业应是符合你的个性，最能发挥你的潜力，最使你感兴趣的职业，当然这几方面并不总是一致的。那么，就应该尽量去寻找它们的切合点，在充分考虑这几种因素的前提下，找到你的最佳职业。

【知识拓展】

人—职匹配理论

人—职匹配理论是用于职业选择、职业指导的经典性理论，最早由“职业指导之父”、美国波士顿大学教授弗兰克·帕森斯提出。1909年，帕森斯在其《选择一个职业》著述中，明确阐明职业选择的三大要素或条件。

（1）应清楚地了解自己的态度、能力、兴趣、智谋、局限和其他特征。

（2）应清楚地了解职业选择成功的条件、所需知识、在不同职业工作岗位上所占有的优势、不利和补偿、机会和前途。

（3）上述两个条件的平衡。

帕森斯的理论内涵，即是在清楚认识、了解个人的主观条件和社会职业岗位需求条件的基础上，将主客观条件与社会职业岗位（对自己有一定可能性的）相对照、相匹配，最后选择一个与个人匹配相当的职业。

人—职匹配分为以下两种类型。

（1）因素匹配：所需专门技术和专业知识的职业与掌握该种特殊技能和专业知识的择业者相匹配，如脏、累、苦劳动条件很差的职业，需要吃苦耐劳、体格健壮的劳动者与之匹配。

（2）特性匹配：具有敏感、易动感情、不守常规、个性强、理想主义等人格特性的人，宜于从事审美性、自我情感表达的艺术创作类型的职业。

第三课 尺有所短，寸有所长

——职业能力分析

【至理名言】

走得最慢的人，只要他不丧失目标，也比漫无目的地徘徊的人走得快。

——莱　辛

生命有如铁砧，愈被敲打，愈能发出火花。

——伽利略

【看图悟道】

想一想，孙悟空为什么要做出这样的选择？你能做什么？______________________

____

____

知识探究

一、职业能力

职业能力是在职业活动中发展起来的，直接影响职业活动效率，使职业活动得以顺利完成的心理特征。无论从事什么职业，总要有一定的心理和行业方面的条件作保证。

教师要完成教学活动，除了具有鲜明的立场、观点和专业知识外，还要具备对教材的组织能力、记忆能力、口头表达能力等；一个公司经理，除了具备本公司业务能力外，还要具备管理能力、组织能力、预测能力和交往能力。大量的研究和实践都证明，无论从事何种活动，仅仅具备一种能力是不够的，而是需要多种能力的结合。

职业能力和活动是密切联系在一起的。一方面，人的职业能力总是在职业活动中形成和发展，并在职业活动中表现出来；另一方面，从事某种职业活动又必须以一定的职业能力为前提，从事音乐活动，需要有节奏感，从事教学活动，需要有相关的专业知识，如果缺乏这些能力，就会影响职业活动的正常进行。

二、就业必备能力

1. 运用创新的能力

运用创新的能力包括两种：信息处理能力和创新能力。信息处理能力的关键是计算机及网络技术的掌握和运用，是对信息的收集、整理、分析、判断、综合、概括的能力。信息处理能力成为个人和社会组织求得生存和发展的重要的途径，也是创新的源泉和基础。

创新能力主要表现在：具有创新的勇气和信念，具有挖掘自身潜能，充分运用已有知识和技术的方法技巧；能实事求是、与时俱进、更新观念、改进方法、提高工作效率；善于集思广益、分析和把握企业发展趋势，擅长策划、谋略并具有战略眼光；有准确的判断能力，思维敏捷，能够站在企业改革与发展的高度，对企业提出建设性的意见或建议。

2. 与人交流、合作的能力

所谓交流、合作能力，一是指有集体主义精神，有大局观；二是懂得与他人合作更好地完成工作任务。后者是前者的具体表现。

××公司开发了一个新项目，项目经理准备招聘一部分新员工，招聘广告一发出去，应聘者众多，经过几轮的选拔，最后剩下9个人，小王是其中的一个。这次招聘的名额只有3个人，面对这9名同样优秀的应聘者，项目经理出了一份特殊的考题。他将应聘者分为甲、乙、丙3组，每个人给他们一份材料，让他们在规定的时间内做出一份市场调查报告。几天后，招聘结果出来了，项目经理宣布丙组胜出。小王不服气，因为他觉得自己认真地根据材料做市场调查了，项目经理什么也没说，只是将9个人的报告传阅下去，当大家看到丙组3个人的报告时就完全信服了。原来，项目经理给他们每组的3

份材料，都是市场调查的一部分，只有将3份材料结合起来，才能做出完整的市场调查。甲、乙两组的人只顾自己，做出来的调查不完整，而丙组的3个人，接过任务后，便开始了合作、交流，经过整合材料，共同努力做出了一份完整的市场调查报告。

在一个团队中，精英固然重要，但更重要的是员工之间的合作和交流，有句话说得好："你有一个苹果，我有一个苹果，交换之后每人还只有一个苹果，但你有一种想法，我有一种想法，交流之后就有了两种想法。"上述例子中，与人交流、合作的能力被用人单位所看中，使丙组的3个人成为招聘企业的新员工。

中职教育的社会定位和社会功能说明中职校更需要培养沟通与合作能力的人才，其内涵包括：认识自己、合理定位、敢于竞争；认识他人，善于交往；对内要团结，乐于倾听不同意见，重视情感沟通，坚持原则，协调沟通好社会各界关系，拓展职业生存发展空间；有良好的人际交往技巧和方法。

3. 为职业发展而持续学习的能力

学会学习是现代人类生存与发展的手段。传统的学校教育基本停留在单纯的传播知识的层面上，学生学习就是获取、收集与储存知识。传统教育培养出不少"知识仓库型"人才，这种人才能够应付各种考试，却难以应付知识经济时代瞬息万变的知识变化和增长的局面。

知识更新的周期缩短，使得人们仅靠学校一次教育不足以应付生存的长期需要。新型人才需要不断地学习，增进知识，增长才干，才能跟上科学技术飞速发展和知识更新不断加快的进程，劳动者学习终身化成为必然的趋势。但教育不能完全解决劳动者终身学习的问题，很大程度上依靠劳动者个人在工作中自主学习。这样，中职生在毕业之前，就应该努力培养自己获得持续学习的能力，如阅读能力、理解能力、判断能力、分析综合能力、洞察力等，从而为今后职业活动中的学习奠定基础。

4. 语言运用能力

语言是一种符号，是人类工作、学习、生活的工具。这里的语言包括3种，即作为民族通用语言的汉语，作为科学逻辑思维语言的数学，还有对大部分人用作国际交流语言的英语。语言运用能力是指这3种语言的运用能力，但汉语的应用能力是首要的。对中职生来说就是能够编制各类分析报告（如财务分析、市场竞争分析、实验报告等），能够清楚地陈述自己的想法和观点。

5. 就业与创业的能力

学生学习的一个直接目的是获得社会劳动的资格和职位。目前，在我国就业竞争十分激烈，所以从现在起就要做到：了解就业形势，正确认识自我，合理定位，及时地把握就业机会；有一定的应聘技能和良好心态，能恰当的自我推荐，有礼有节，精神面貌尚佳；有自主择业、自主创业的雄心和胆略，明确创业的思想和目标，并对此有一定的设想和计划，为今后就业和创业打好基础。

学以致用

职业能力分析

小张是某中职学校市场营销专业的学生，他的理想是成为营销行业的一匹黑马。毕业后，经学校推荐去一家公司工作。刚进入公司，领导希望他能在基层认真锻炼，他很不开心，经常跟同事抱怨，说自己郁郁不得志，消极怠工。这件事很快就反映到了领导那里。于是，领导找到小张，询问了一些关于工作、生活的事，小张便把自己的不满一股脑儿地发泄出来。领导想了想说："那这样，我们准备将发行部增设一个发行三部，你去负责吧！"小张瞪大了眼睛说："不行不行，我还没有这么大的能力。"领导说："我们公司有一批积压的产品，你把它们处理一下。"小张说："都积压了那么久了，肯定没人要。"领导笑了笑说："没关系，那你就把昨天的会议记录整理一下。"小张说："昨天我请假了。"领导说："那你觉得自己能干什么？"小张羞红了脸。

步骤一　全班分为若干个小组，讨论小张的职业能力如何？

步骤二　小组写出提升小张职业能力的对策。

步骤三　试着分析自己的职业能力，看看自己在哪些方面还有欠缺。

步骤四　教师点评。

知识拓展

如何与不同性格的人交往

1. 对死板的人，唤起他的兴趣

这种类型的人，就算你很客气地和他打招呼、寒暄，他也不会做出你所期望的反应来。他通常不会注意你在说些什么，甚至你会怀疑他听进去没有。与这种人进行交往，刚开始多多少少会感觉不安。遇到这种人，你就要花些工夫，仔细观察，注意他的一举一动，从他的言行中寻找出他真正关心的事来。你可以随便和他闲聊，只要能够使他产生一些反应，那么事情也就好办了。接下去，你要好好利用这个话题，让他充分表达自己的意见。每个人都会有他感兴趣、关心的事，只要你稍一触及，他就会滔滔不绝地说出来，此乃人之常情，因此，你必须好好掌握，并利用这种人的性格和心理。

2. 对傲慢无礼的人，尽量少说

有些人自视甚高、目中无人，时常表现出一副"唯我独尊"的样子。这种举止无礼、态度傲慢的人，实在叫人看了生气，是最不受欢迎的。但是，当你不得不和这种人接触时，你需要如何对待他？对于这种人，说话应该简洁、有力才行，最好少跟他啰唆，所谓"多说无益"。

3. 对沉默寡言的人，直奔主题

与不爱开口的人交涉事情是十分吃力的事，因为对方过于沉默，你没办法了解他的想法，更无从得知他对你是否有好感。对于这种人，你最好采取直截了当的方式，让他明白表示“是”或“不是”，“行”或“不行”，尽量避免迂回式的谈话。

4. 对深藏不露的人，多用心思

我们周围有很多深藏不露的人，他们不肯轻易让人了解他的心思，有时甚至说话不着边际，一谈到正题就“顾左右而言他”。当你遇到这么一个深藏不露的人时，你只有把事先准备好的资料拿给他看，让他根据你所提供的资料作出最后决断。人们多半不愿将自己的弱点暴露出来，即使在你要求他说出答案或提出判断时，他也故意装不懂或言不及义地闪烁其词，使你有一种“高深莫测”的感觉，其实这只是对方伪装自己的手段罢了。

5. 对草率决断的人，步步为营

这种类型的人，乍看好像反应很快，他常常在交涉进行到高潮时，忽然作出决断，给人“迅雷不及掩耳”的感觉。这种人多半是由于性子太急了，因此，有时候为了表现自己的“果断”，决定就会显得随便而草率。由于“反应”太快，这样的人每每会对事物产生错觉或误解，其主要表现为：没有耐心听完别人的谈话，往往“断章取义”，自以为是最后决断，如此虽使交涉进行较快，但草率做出的决定，多半会留下后遗症，并有意料不到的枝节发生。从事交涉时，倘若遇到这种人，最好把话题分成若干段，说完一段之后，马上征求他的意见，统一问题了再继续进行下去，如此才不至于发生错误，也可避免不必要的麻烦。

6. 对过分糊涂的人，尽量躲避

这种人，一开头就没弄懂你的意思，你就是与他长时间交涉下去，也是枉然。经常犯错误的人不外两种：一种是从来不知反省；另一种则是理解能力太差，完全没听懂别人的谈话。对于这种人，还是少和他接触为妙。

7. 对顽固不化的人，适可而止

顽固不化的人是难应付的，因为无论你说什么，他都听不进去，只知坚持己见，死硬到底。跟这种顽固的人交手，是最累人且又浪费时间的，结果往往徒劳无功。在与这种人交涉的时候，千万要注意“适可而止”。

8. 对行动迟缓的人，拿出耐心

对于行动比较缓慢的人，交涉时最需要耐心。与这种人交涉时，绝对不能着急，因为他的步调总是无法跟上你的进度，所以，你最好耐着性子，尽可能配合他去做。此外应该注意的是：有些人的言行并不一致，他可能处事明快、果断，只是行动不相符合罢了。

9. 对自私自利的人，不触动其个人利益

自私自利的人心目中只有自己，凡事都将自己的利益摆在前头，当你与其接触时，应以不触动他的个人利益为前提，这样才有沟通的可能。

10. 对毫无表情的人，仔细观察

人的心态和感情，常常会透过脸部的表情显现出来，表情往往可作为判断情况的依据。然而，有些人却是喜怒不形于色，当你与这种人进行交涉时，最好的方法就是特别注意他的眼睛和下巴。有时候，适度的紧张和放松，也可以在交涉中形成一种理想的气氛。当你明白对方的反应是受自己的应对态度所影响，进而影响到交涉结果时，就要特别注意自己的言行举止。

你从事的是什么职业？
你还知道哪些职业？

第二篇

愿识庐山真面目
——职业认识

第一课 横看成岭侧成峰

——职业及其发展趋势

【至理名言】

恢弘志士之气，不宜妄自菲薄。

——诸葛亮

自觉心是进步之母，自贱心是堕落之源，故自觉心不可无，自贱心不可有。

——邹韬奋

【看图悟道】

说说你对这几个职业的认识和理解。你觉得他们适合这些职业吗？________________

____

____

知识探究

一、职业的内涵及特性

“职业”一词是由“职”和“业”两个字组成的。“职”含有责任、工作中所承担的职务等意思，“业”字含有行业、业务、事业等意思。

职业是人们从事的比较稳定的有合法收入的工作。只有具备收入合法、比较稳定两个必要条件的工作才能称之为职业。收入合法，是指这个收入应该符合国家法律法规和有关政策的规定；反之，从事不正当活动而获取收入的，不能算作职业。

每个人与职业都有着密切关系，具有劳动能力的人都会在他的一生中从事一种或几种职业，都会有自己的职业生涯，并通过职业生涯实现自己的理想和价值。了解职业、认识职业，对于中职生来说尤为重要，它不仅影响着学生的择业观，更能激励他们努力学习专业知识。

职业一般具有专业性、多样性、技术性等特点。

1. 专业性

专业性是指不同的职业在劳动内容、劳动方式、劳动手段等方面所具有的特点。例如，工人是指根据设计图纸、工艺流程、使用机械设备加工产品；医生是指从事医药处方、手术为主要内容；美发师则以美发、理发为主要内容。

2. 多样性

多样性是指职业存在于社会的政治、经济、文化、教育、军事、外交等一切领域，在每个领域中又有各种不同的种类。如在教师这个职业中，就有许许多多的分工，就我们学习的科目来说，每一个科目都会有相应的教师。

3. 技术性

技术性是指不同职业都有自己的知识经验、技能技巧。工程技术人员测量绘图、教师教书育人、医生救死扶伤、律师出庭辩护等。在现代社会，要从事某些职业，必须经过较长时间的知识、技能的培训，如文艺工作者、体育工作者、科技工作者、技术工人、教师等，都需具备所从事职业必备的知识、技能、技巧。有的职业的技术则可以在职业实践中获得。

一次，福特汽车公司的一台电机坏了，公司所有的技术人员都束手无策，公司只好请来了在一家小公司就职的德国籍电机专家斯坦门茨。他经过研究和计算，用粉笔在电机上画了一条线，说：“打开电机，把画线处线圈减去16圈。”照此方法做后，电机恢复正常了。福特公司付他酬金时，他要1万美元，人们惊呆了——画一条线竟要这么高的价！他坦然地说：“画一条线值1美元，知道在什么地方画线值9 999美元。”

斯坦门茨知道在哪画这一条线，便是在实践中不断积累技术的结果。

二、职业的分类

职业的分类是以工作性质的同一性为基本原则，对社会职业进行的系统划分与归类。所谓工作性质，即一种职业区别于另一种职业的根本属性，一般通过职业活动的对象、从业方式等的不同予以体现。需要说明的是，对工作性质的同一性所作的技术性解释，要视具体的职业类别而定。

《中华人民共和国职业分类大典》所确定的职业分类结构包括 4 个层次，即大类、中类、小类和细类，依次体现由粗到细的职业类别。细类是最基本的类别，即职业。

我国职业划分为 8 个大类，66 个中类，413 个小类，1838 个细类（职业）。每个大类的名称和所含中类、小类、细类（职业）的数量如下：

第 1 大类：国家机关、党群组织、企业、事业单位负责人
（中类 5 个，小类 16 个，职业 25 个）
第 2 大类：专业技术人员
（中类 14 个，小类 115 个，职业 379 个）
第 3 大类：办事人员和有关人员
（中类 4 个，小类 12 个，职业 45 个）
第 4 大类：商业、服务业人员
（中类 8 个，小类 43 个，职业 147 个）
第 5 大类：农、林、牧、渔、水利业生产人员
（中类 6 个，小类 30 个，职业 121 个）
第 6 大类：生产、运输设备操作人员及有关人员
（中类 27 个，小类 195 个，职业 1119 个）
第 7 大类：军人
（中类 1 个，小类 1 个，职业 1 个）
第 8 大类：不便分类的其他从业人员
（中类 1 个，小类 1 个，职业 1 个）

三、职业的种类

职业的种类与一个国家一定时期的社会政治、经济制度以及与国家的政策密切相关。例如，在我国改革开放之前的六七十年代，个体经济、私营经济等是不允许存在的，现在非公有制经济则成为社会主义市场经济的重要组成部分。此外，不同的国家还存在一些独具民族特色的职业，如我国的针灸师、中医师、武术师等。

职业的种类还与一个国家的科技发展、经济繁荣、社会进步密不可分，因此，不同的国家，对职业有不同的划分。

1. 按脑力劳动和体力劳动的性质和层次分为 2 大类（美国）

（1）白领工作人员——专业性和技术性的工作；农场以外的经理和行政管理人员；销售人员；办公室工作人员。

（2）蓝领工作人员——手工艺及类似工人；非运输性的技工；运输装置机工；农场以

外的工人；服务性行业工人。

2. 按心理的个体差异分为 6 大类（职业指导专家　霍兰德）

（1）现实型（手工工作、技术工作）；
（2）研究型（科学研究、实验工作）；
（3）艺术型（艺术创作）；
（4）社会型（教育、社会福利）；
（5）企业型（管理、销售）；
（6）传统型（办公室办事员、会计、审计、收发、秘书、统计、档案管理等）。

3. 按贡献范围分为 4 大类（日本　界屋太一）

（1）物品产业（农林业、制造业、土木建筑业中直接从事物品生产加工的行业）；
（2）位置产业（运输、仓库保管、金融、流通等）；
（3）时间产业（人寿保险、医疗、服务、社会治安、娱乐及旅游业等）；
（4）知识产业（教育、新闻、设计、广告宣传、技术开发等）。

四、三百六十行，行行出状元

目前，中等职业学校毕业生在我国各行各业正在发挥着重要的作用，他们在平凡岗位上为国家建设奉献自己的青春。海尔集团首席执行官张瑞敏说，海尔75%以上的员工出自中等职业教育。青岛市评选出的“创业之星”，不少都是接受过职业教育的年轻人，他们利用学到的知识，不畏艰苦，自主创业，直到创出自己的品牌企业，甚至走出青岛、走出山东，在全国办起连锁企业。CCTV—10 台 “状元 360” 栏目就是以职业技能竞技为表现核心，展现高技能人才的风采，体现劳动光荣的优良传统。我们正处在一个科学技术飞速发展的时代，一个催人奋进的时代，我们要全面认识职业教育的重要性，树立正确的人生观、价值观，珍惜大好时光，努力学习理论知识，掌握专业技能，就一定能够在经济建设的广阔舞台中施展才华。

2010 年 9 月，胡艳婷在人民银行南京分行和江苏省总工会联合举办的“江苏省首届银行业机构点钞识假技能大赛”上，以总分第一获得了全能奖。她在 10 分钟内点了 2 482 张百元钞票，并且甄别出混入其中的全部 4 张假钞。像用纸条捆扎一把百元大钞，普通人可能需要花半分钟才能做好，胡艳婷只需手腕轻轻一晃，一秒钟内就能神速捆好！

胡艳婷说：“这个就是熟能生巧，练到自己手腕发酸就有感觉了。”2010 年，在江苏省首届金融机构识假点钞比赛的集训队中，胡艳婷面对众多“高手”，咬牙进行了魔鬼式训练。她回忆说，那时候，每天练习至少要用掉 3 000 多根腰条，因为只有量变，才能达到质变。手被腰条割破是经常发生的事，常常是十个手指有七八个都得贴着创可贴或胶布才能继续练习，睡前都要喷一些气雾剂止痛消肿才能睡着。

干一行，爱一行，精一行，每个行当里，都有优秀的员工。每一个优秀的员工都不是生来就完美，而是在经过了长期不懈的努力之后才达到的。正如胡艳婷通过不断地练习，使自己熟能生巧，最终成为了行业里的“状元”。

五、热点直击“双证并举”

“双证并举”是指中等职业学校毕业生在获取毕业证书的同时还必须取得相应的职业资格证书。各中等职业学校在专业课程的教学中结合职业资格鉴定内容，让职业教育学历证书和职业资格证书“双证融通”，努力提高学生的技术能力和就业竞争能力。

国家职业资格证书制度是劳动就业制度的一项重要内容，也是一种特殊形式的国家考试制度。它按照国家制定的职业技能标准或任职资格条件，通过政府认定的考核鉴定机构，对劳动者授予相应的职业资格证书。与学历文凭证书不同，职业资格证书更直接、更准确地反映了职业的实际工作标准和操作规范的要求，反映了劳动者从事这种职业所达到的实际能力水平。

我国国家职业资格证书采取等级式结构，国家职业资格通常分为 3 个等级，即国家职业资格五级（初级），国家职业资格四级（中级），国家职业资格一级（高级技师级）。政府还规定了国家职业资格和社会上通行的其他专业资格之间的相互对照关系，以确保国家职业资格获得者的相应社会地位和济济地位。职业资格是政府规定专业技术人员从事某种专业技术性工作的学识、技术和能力的起点标准；职业资格是政府某些责任较大、社会通用性强、关系公共利益的专业技术性工作实行的准入控制，是专业技术人员依法独立开业或独立从事某种专业技术工作的学识、技术和能力的必备标准，国家对执业资格实行注册制度。

一般来说，学生通常在初中毕业后去就读中职学校，而李乐却是在经历了 3 年的高中生活后进入中职学校学习的。2009 年李乐参加高考，却名落孙山。李乐的家庭并不富裕，他不忍心让父母再为自己操心，他听人介绍说现在技术类人才紧缺，许多上中职的同学在毕业的时候都获得了“双证”，找到了好工作，所以他决定试一试，报了某中职学校的一年制机电专业。2011 年，学到技能的他找到了工作，并与单位签订了长期用工合同。如今的他有一份收入不错的工作，单位还帮他办了保险。他说：“今年夏天的心情比去年轻松多了。仔细想来，高中生读中职不吃亏。3 年高中学的是基础课程，花一年的时间学技能，而且后期是边在厂里实践边学习，从经济成本和时间成本上来说都省了。”“如果去补习又要花一笔钱，上大学也要很高的学费，会加重家里的负担。何况大学毕业后也不一定能找到适合自己的工作。”

高考落榜生有文化基础，只是还没掌握职业技能，不能适应就业和创业的需要。免试进入中职学校，一般花一到两年时间，就可获得中职学校毕业证书，同时拿到岗位技能证书，毕业后可直接就业，也可以参加三校生考试，考入高等职业技术学院。目前中职学校都实行学分制，高中毕业生不需要修读文化基础课，只要修满专业学分，掌握专业技能，考到一个技能证书就可毕业，“一技傍身”后直接参加工作。

六、未来职业特点

随着经济和社会的不断发展，科学技术的突飞猛进，社会职业的数量、种类、结构、要求都在不停地发生着变迁。

1. 职业的教育含量增大

各种就业岗位，需要更多的受过良好教育、掌握最新技术的技术工人，单纯的体力劳动或机械操作职业将明显减少。

在发达国家，制造业中蓝领工人失业率高于从事管理工作的白领员工；而白领员工中从事服务性工作，如银行、广告等的失业率又明显高于从事开发和研究工作的员工。未来白领、蓝领阶层的界线将越来越模糊，职业逐渐向专业化方向发展。

2. 职业要求不断更新

有一些职业，因新的工作设备和条件变化，对职业内容有了新的要求，如行政工作人员，在以前只要求具备较好的组织协调能力、分析问题解决问题能力、文字能力、口头表达能力等，但现在除要求他们具备上述能力以外，还要求具备社会交往能力及计算机辅助管理、办公自动化操作能力等。

3. 永久性职业减少

只有少数人能拥有“永久性”的工作，而从事计时、计件或临时性职业的人会越来越多。

学以致用

资格证书知多少?

准备活动：全班分为若干小组，活动前先搜集中等职业学校各专业及其职业资格证书的名称。每组选派一个代表进行抢答。

步骤一 主持人念出职业名称，同学们迅速抢答相应的职业资格证书名称。

步骤二 教师给出得分。

步骤三 统计员算出各组平均分。

步骤四 选出优胜组，表扬团队意识最强的一组。

知识拓展

设计职业生涯，规划成功人生

一、职业生涯规划的步骤

步骤一：了解自己。一个有效的职业生涯设计，必须是在充分且正确地认识自身的条件与相关环境的基础上进行。需要审视自己、认识自己、了解自己、并做自我评估。详细估量内外环境的优势与限制设计出自己的合理可行的职业生涯发展方向。

步骤二：明确目标。职业生涯目标的制定包括人生目标、长期目标、中期目标和短期目标的制定。短期目标必须清楚、明确、现实和可行。中期目标应既有激励价值，又要现实可行。人生目标、长期目标要尽可能地远大，但不要求具体详细；在符合自己的价值的基础上，与社会发展需求相适应；放眼未来，推测可能的职业进步。

步骤三：制订方案。职业生涯路线是整个人生规划的展开。我们在确定好自己的人生目标后，就必须考虑向哪一路线发展。通常职业生涯方向的选择需要考虑以下三个问题：我想往哪方面发展？我能往哪方面发展？我可以往哪方面发展？发展路线不同，对其要求也就不同。职业生涯路线的选择，也是职业发展能否成功的重要步骤之一。

在选择职业阶段，我们一般先要选择行业，再选择行业中的某一类职位。在选择行业时，我们先要拟定几类合适的行业进行考查，收集行业发展的资料。在对某行业进行考查时，拟出该行业某职位的相关知识门类和能力特点，如果选定了该行业，列出清单，结合自己的情况逐一加以学习和培养。

在了解自己对职业前途的需求状况之后，选择最适宜的单位是关键的一步。什么是最适宜的单位呢？薪酬待遇固然重要，但更多的是要注重单位的发展机会，要注意这个单位文化的优越性与管理系统的规范性。

接下来则是找准自己适合就职的部门了，客观地说，这是一件非常复杂的事情，它必须和个人的学业专长、爱好、学习体验结合起来考虑。我们应该选择最能适合自己发展的职能部门，有些职能部门工作量大，业务复杂，但同时有比较多的发展机会，我们要优先考虑这些部门。

二、实现职业生涯规划的途径

第一，摆正心态。如果你的心态比较平和，能从点滴做起，从小事情做起，就能逐渐得到领导的赏识，晋升只是个时间问题。心态非常重要，在工作中应该不断地摆正自己的心态，使自己的发展和提升成为自然的事情。

第二，少说多做。作为一个职场新人，过多地指手画脚似乎是不太合适的事情。领导决定晋升决策的时候更多的还要看你的工作业绩，看你做了哪些事情，做好了哪些事情。所以，要想尽快获得晋升，你必须从现在开始行动起来，去做事情，去用实际的行动和真实的业绩赢得领导的赏识。

第三，与众不同。现在的职场竞争非常激烈，一无所长的人即使你再努力再肯干，也很难获得晋升和赏识，因为你能做到的别人也同样可以做到，晋升的机会没有理由会青睐一个一无所长的人。职场喜欢与众不同的人，所以做得与众不同也是助你成为职场领袖的一个关键因素。

第四，善于处理人际关系。良好的人际关系是人生的一笔财富。人际关系处理不好，寸步难行；人际关系处理好了，你就拥有了厚实的群众基础，拥有了驾驭部门员工的能力和技巧，上司自然放心把晋升的职位给你了。

第五，帮助上司提高绩效。实践表明，获得上司赏识和信任的最重要的一点是帮助你的上司完成工作。上司的工作都是通过下属来完成的，下属完成得好坏决定了他的业绩的好坏。因此，一定要尽可能地帮助你的上司完成工作，与上司一起进步。

三、职业生涯规划的调整

当然，在我们职业生涯发展的过程中也会出现这样或那样的问题，职业生涯规划本身就是在发展中不断再调整的，所以当你的工作中出现以下问题时，就是应该停止挣扎而去另觅一份自己真正喜欢的工作的时候了。

第一，怀疑自己不合格。如果你工作感到痛苦，这可能是自己工作表现不佳而又不愿正视这个问题。因此应该扪心自问：自己到底干得如何？你可以请上司对你的表现作一个评定，以确定是否仍符合他的要求，或是请教一位精明且诚信的同事，让他为你作一个非正式的评估。

第二，与上司不合拍。一种较好的测试方法是：你在上司身边时感觉如何？是自在放松还是紧张不安？

第三，与同事不合拍。你可以问问自己：当你与单位的人交往时，是否觉得格格不入？你是否对引起他们兴趣的话题感到乏味和无聊？如果是这样的话，那你可能已陷入一个无法展现自己的环境。

第四，工作过于轻松。如果你闭着眼睛都能工作时，这可能表明你的能力已远远超越你的职位而自己却不知道。你可以问自己几个问题：你仍然能够从工作中学习别的东西吗，想进一步发展你正在使用的技能吗？

第五，对于这一行不感兴趣。如果你可重新选择，你还会选择同一职业吗？你有兴趣阅读这一领域有名人物的自传吗？如果不是，你该考虑去见职业咨询顾问或参加求职测试了。

第二课 远近高低各不同

——职业的评价与选择

【至理名言】

一知半解的人，多不谦虚；见多识广有本领的人，一定谦虚。

——谢觉哉

懒惰像生锈一样，比操劳更能消耗身体。

——富兰克林

【看图悟道】

我们可以试想一下，如果是猪八戒负责战斗，他会是个称职的战士吗？为什么？______

______

______

知识探究

一、职业评价

1. 选择适合自己的位置

每个人的一生都在寻求着自己的最佳位置，确定合适的人生角色。职业选择的诸多因素中，人们往往对某一职业的环境条件、社会声望和收入水平想得比较多，而对自己的性格能力和兴趣考虑的少些，由此导致工作很久依然毫无建树。这说明选择职业关键是要适合自己。

一个乞丐在地铁出口卖铅笔。这时过来了一位富商，他向乞丐的破瓷碗里投入了几枚硬币便匆匆离去。过了一会儿，商人回来取铅笔，对乞丐说："对不起，我忘了拿铅笔，我们都是商人。"几年后，这位商人参加一次高级酒会，一位衣冠楚楚的先生向他敬酒致谢并告知说，他就是当初卖铅笔的乞丐。生活的改变，得益于富商的那句话：你我都是商人。

设想，如果乞丐一直没能遇到这样一位商人，自己一直未能觉醒，一直就甘心做一名乞丐，也许，他的人生就少了一份成功。因此，正确的定位对一个人的将来有着至关重要的影响。

一棵树找到了适合自己生长的土壤，它就会尽情地伸展腰肢，繁茂枝叶；一只鸟寻到了适合自己生活的气候，它就会努力地丰满羽翼，拥抱蓝天；我们每个人都可以找到最适合的位置，实现愿望，圆满人生。

职业教育其实质就是就业教育，面对就业浪潮，我们要理性地分析社会需求和自身条件，找到最适合自己的位置，实现自己的职业理想和人生价值。

随着科学技术进步和劳动力市场的发展，用人单位和劳动者之间越来越强调选择性。由于职业选择的环境和条件的限制，有些人对正确选择职业还缺乏足够的认识，影响其顺利就业，如有些人认为选择职业就是按个人意愿办事，一旦职业需要与个人意愿发生矛盾，就不能正确处理；还有些人不顾自身素质，提出过高的择业要求，结果导致个人职业选择失败，因此，我们必须正确认识和处理选择职业的问题。

2. 决定职业声望高低的基本要素

职业本质上并无高低贵贱之分，都是一定社会不可缺少的、既有区别又相互依赖的组成部分。但由于客观存在不同职业间在工作内容、强度、收入状况、从业人员水平、专业技能、权利、义务等方面的差异，使人们对不同职业的地位具有不同看法和态度。评价职业主要与职业声望评价基本要素和影响评价的因素两方面影响有关。

决定职业声望高低的基本要素主要包括职业社会功能、职业社会报酬、职业自然条件和职业要求 4 项。

（1）职业社会功能是指一定职业对社会的作用，即其社会责任、权利、义务和重要性。职业的社会功能越大，任职条件越高，声望评价就好，职业层次相对就高。

（2）职业社会报酬是指职业提供给任职者的工资、福利待遇、晋升机会和发展前景。一般而言，社会报酬好的职业，受社会和从业者的青睐，声望评价就高。

（3）职业自然条件是指与职业活动相关的自然工作环境，如技术装备、劳动强度、安全系数等。职业自然条件好，工作效率相对就高，越容易出成就，职业层次就高。

（4）职业要求是指一定职业对任职者各项素质的综合要求。职业对人的要求越高，达到的难度就越大，被人替代的可能性就小，工作就越稳定，职业社会层次就越高。

职业声望是以上 4 项要素的综合反映作用的结果，任何单项及片面追求某几项都不能全面地反映职业声望的现实状况。

当然，应当清楚地认识到，职业声望是人们的职业社会地位的主观反映，是主、客观的结合，因此，不可避免地带有个人偏见及社会环境等因素的影响。职业声望的评价会受到个人偏见、社会环境、社会舆论、教育程度、地区和经济状况等各种因素的影响，因此，毕业生在择业时，应保持一个清醒、客观的分析，避免从众、攀比、盲目追高等不良择业心理，要结合自身特点，科学认识、评价职业。

刘梅在中职医学护理专业毕业后选择了去农村卫生院工作，很多同学都去南方的医院就职，刘梅却毅然决定留在自己的家乡，为家乡的人民服务，进入村卫生院。同学们都很费解，她的好朋友也劝她："你放着大医院的职位不干，非得回到穷乡僻壤去受苦。"刘梅只是笑笑没有回答。刘梅秉承着一颗任劳任怨、医病救人的心，为家乡的人民服务，十年如一日。家乡的人民对她有很高的评价，提起她都竖起大拇指，刘梅被评为"优秀共产党员"。谈到感想时，刘梅只说了一句："这是一个共产党员应该做的。"

刘梅用自己的行动证明了自身的价值，虽然她没有选择去大医院，而是回到了贫穷的家乡，但她受到了人民的爱戴，人们对她的评价也很高，因此说职业的评价是多方面的。

二、职业选择

1. 职业选择的准备

职业选择的准备，不仅仅只是表现在毕业阶段，更是要贯穿于学生生活的始终。机遇总是降临到那些做好准备的人身上，因此，我们必须在目标、知识、能力、心理等几个方面做好准备，为将来择业做好求职准备。

（1）目标准备。树立高尚的职业理想和正确的择业观，全面、客观、准确地认识自我和评价自我，了解国家、社会有关职业问题和就业政策，适时调整就业期望值。在求职路上，总有一些人一心一意地期待机会的降临，还有一些人面对好几个机会，却不知如何选择，这都是目标准备不充分的表现。其实，很难说确立什么样的目标就一定好，关键在于什么样的工作适合自己。没有最好的工作，只有最适合自己的工作。

小刘是合肥市一名普通的中专生，在 2010 届幼教学生供需洽谈会上，他收到 8 家幼儿园的聘用邀请，这让许多人都很吃惊。在大学生都为毕业饭碗发愁时，中专生受到如此垂青，让在场的众多记者也感到纳闷。

小刘只是一名普通的应届毕业生。在刚进入中职校学习时，父亲建议他学习与机械有关的专业，但是他觉得机械专业并不适合自己，他认为幼儿教师多由女性担任，所以许多孩子缺少“阳刚之气”。从事幼儿教育的男教师不多见，反而是一个机遇。父亲很生气，但拗不过倔强的小刘，只能让他学习幼儿教师专业，对于小刘未来的工作问题更是忧心忡忡。

事实证明，小刘的选择是对的。在很多人还为工作担忧的时候，他已经获得了8家幼儿园的垂青。一位园长坦言，像小刘这样的幼儿男教师，是幼教事业中的一只奇葩，幼儿园老师的需求量很大，培养一名好的幼教老师要下很大工夫，技能出众，但三天两头跳槽，所下的工夫就很可能白费。比较而言，中专生则对自己的定位相对切合实际，幼儿园即便多花些心思培养，只要是能留住的骨干，也是值得的。

职业选择是指人在自身价值观的指导下，依据自己的职业期望和兴趣，凭借自身能力挑选职业的过程。在这个过程中，主体既受需求动机、自身评价的引导，也受社会需求、就业形势的影响，是一种从主观、客观多方面进行综合考虑做出的价值判断过程。小刘根据自己的兴趣和对职业的正确分析，做出了正确的目标选择。

（2）知识准备。了解所选职业对自己知识结构的要求，围绕选择的就业目标，合理组合、恰当调配，在自己的头脑中形成层次分明、相互协调的知识系统。利用好在校学习的这几年宝贵的时光，努力学习专业知识和文化知识，为将来求职择业打下坚实的基础。

（3）能力准备。中职生应具备一定的适应能力、开拓创新能力、实际动手能力及交流沟通能力。在应聘工作中，实力永远是最重要的东西，扎实的专业知识和丰富的实践技能，都是用人单位对应聘者最为看重的内容。

2011年5月，合肥某旅游学校的毕业生聂某被某外资公司录用。由于她英语流利，表现突出，给公司的招聘人员留下了深刻印象，因此，公司破格将她的底薪提高了200美元，达到了1 200美元/月。

聂某能在众多的应聘者（其中不乏许多获得英语6级、专业8级证书的大学生）中脱颖而出，是因为她练就了一口流利的英语，具有较高的英语水平，并且有扎实的英语专业知识和良好的交流沟通能力。

市场经济充满了机遇和希望，也充满了风险和竞争，中职生的知识、技能和就业市场需求紧密挂钩，只要具有真正的实力，就有可能获得高薪的岗位。

（4）心理准备。培养良好的心理素质，转换角色，适应社会需要，在求职过程中，保持一颗平衡、乐观的心态有助于你的正常甚至是超常地发挥自己的水平，败而不衰、锲而不舍的精神是成功的一大推动力。

（5）信息准备。广泛收集信息，有选择地进行信息处理，若有意向单位，更要尽可能多地搜集与该单位相关的信息，包括单位的创建时间、规模、部门设置、领导情况、业务范围、发展方向及联系方式等。

(6) 材料准备。书面材料包括毕业生推荐表、求职表（信）、简历、成绩单及各种证书。工欲善其事，必先利其器，充分的材料准备是你成功的有力武器。

(7) 应聘面试或考试准备。包括仪容、语言表达、个人修养等，同时还要带上身份证、笔记本、钢笔等必备用品。

2. 职业选择的基本原则

尽管在职业选择中，不同的人从不同的职业价值观出发，采用不同的策略，达到不同的效果。但是，在职业选择中，也有一些一般的共性化原则需要遵循，才能使人们顺利地达到目标。

(1) 可行性原则。在职业选择中，应考虑社会的现实需要，考虑特定的历史条件和时代要求，而不能孤立地一味追求“自我设计”；否则，只能招致“生不逢时”的挫折感和失意感。

(2) 胜任原则。在职业选择中，应考虑工作的实际需要，考虑自己的学识水平、身体素质、个性特点、能力倾向等是否符合职业要求，而不能盲目攀比，就高不就低。对于力所能及的工作，人们干起来得心应手、驾轻就熟、心情舒畅而且能充分发挥自己的积极性和创造性；而对于不能胜任的工作，干起来则力不从心，困难重重，劳累压抑，不仅效率极低，而且可能完不成任务，使单位蒙受损失，个人也承受压力。

(3) 兴趣原则。职业选择时，在考虑社会需要的大前提下，既要强调“考虑国家需要”或“哪里需要就去哪儿”，也应该兼顾自己的爱好和个人志愿。一个人只有对某项职业有兴趣，才会从内心激发起对该事物强烈的求知欲和探索欲，才能积极地总结经验、摸索规律而有所突破，有所创造。这无疑对自己是一种开发和展露，对工作也是一种促进。

(4) 发展原则。职业不只是作为生存的手段，而是一条人们走向发展的成功之路。因此，在选择职业时也应该考虑职业的适合性、对口性，考虑应聘单位的实力和所提供的机会、前途等条件，这都是促进或阻碍人们职业发展的因素，应该“择其善者而从之”。

3. 职业选择的策略

人们在谋求出路、寻找工作、选择职业时，虽然受到多种实际问题的威胁，但人们也不是被动地等待社会的挑选，而是可以想方设法，主动地采取各种“策略”来满足自己的需要和愿望。择业策略大致可以归为试探性策略、以专业为重点的策略、以工作单位为重点的策略和稳定性策略。

(1) 试探性策略。当人们刚进入职业界或开始新的工作时，往往对自己所选择的新生活模式不能完全把握，这时就可以运用试探性策略，也就是试验的方法，即把自己生活的一部分转向新的生活模式，通过一段时间的实践，看这种新的生活模式是否适合自己，然后决定是否要全身心地投入。试探性策略只是帮助人们在多种职业中选择一份较为理想的工作，是试验。通过试探，可以在特定的时间内看看自己在某一领域或某一方面所能适应的情况和所能取得的功效。然后，根据自己的体验和成绩，做出更有远见，更确实可靠的决定。

(2) 以专业为重点的策略。在职业选择时，将“专业对口”作为考虑的中心，即寻求求职者具有的专业知识、技能、经验与所要从事的工作、职业有直接的联系。这是以工作本身的内容、性质为中心的择业策略。

（3）以工作单位为重点的策略。从事一定的职业，干一定的工作，一般要依托一定的单位。不同的条件、不同的环境、不同的气氛、不同的交际、不同的待遇、不同的发展机会就有不同的成就，因此，基于这一点认识，可将“工作单位”作为择业策略的重点。

（4）稳定性策略。职业选择中，稳定性策略是指人们主要追求职业生活中三方面的稳定性：其一，工作性质是稳定型的，不像某些流动性强的职业需要经常东奔西走，南来北往；其二，工作内容相对稳定，新兴产业对传统工业的挑战日趋严峻，为避免这些冲突，在相对稳定的传统性职业中寻求相对的轻松；其三，是和前两者有关的，较为稳定的保障，不求一时热、过后冷，大起大落、大喜大悲，只希望平平稳稳地立身处世。

【学以致用】

吸取成功人的经验

步骤一　评选出几位战胜困难获得成功的校友。

步骤二　全班分为若干小组，选定一位校友进行访谈，写出详细的访谈计划书。

步骤三　将心得体会写成小文章，看一看自己还应该在哪些方面提高。

【知识拓展】

职业选择的技巧

职业选择不仅要遵循其基本的原则、掌握择业的策略，同时还要学会一定的择业技巧。

1. 明确目的

越来越多的心理学家提醒我们，宗旨明确会给行动带来许多好处，而且这些好处几乎是会自动到来的。

（1）你的预定目标明确后，你的潜意识只遵循一条“万应定律”——“人的心神所想念的，就能调动一切积极心态而获致它”，这种自我提示会为协助你达到目标而工作。

（2）由于你知道你想要什么，你就会走上正确的方向，开始行动了。

（3）由于你知道你要的是什么，当协助你达到目的的机会在你的身边出现时，你会更敏感，并有可能认识它并把握它。

2. 掌握信息，创造机会

信息是职业选择的前提和基础。更快、更新地掌握有效的信息，可以更好地作出职业选择。

3. 培养主动型人格

在现代职业选择中，顺应时代，培养积极、主动、健康的人格十分重要。现代人格应该是具有竞争意识、自立意识、自主意识的主动型人格。

第三课 只缘身在此山中

——就业政策

【至理名言】

悲观的人虽生犹死，乐观的人永生不老。

——拜　伦

乐观是一首激昂优美的进行曲，时刻鼓舞着你向事业的大路勇猛前进。

——大仲马

【看图悟道】

想一想，你对就业政策了解多少？____

____

____

知识探究

一、我国当前的就业形势

1. 总体就业形势看好

近年来，各地纷纷传来“大学生就业不如中职生”的消息。中职毕业生就业率呈现出与文凭高低相反的现象，即职校生高于专科生、专科生高于本科生。

普遍认为，中职生的高就业率来自职业技术教育独有的优势。中职生具有较强的实用技术和实际操作能力，与社会需求结合密切。同时，职业技术学校的毕业生可以拿到“双证”。根据国家有关部门颁布的标准，许多工种要求从业者持有职业资格证书才能上岗。职业技术学校的毕业生毕业时就实行“双证书”制度，即考核合格后，同时取得毕业证和劳动保障部门颁发的职业资格证书，这也为学生就业创造了有利条件。

2. 就业困难依旧存在

随着改革开放的深入和市场经济体制越来越完善，市场竞争也越来越激烈，而现代经济的竞争实质上就是科技与人才的竞争。这样对就业人员的素质要求也就越来越高。作为中职生，在日益激烈的就业竞争中本来处于相对劣势，再加上当今“高校扩招”而导致的大学毕业生数量迅速增加而带来的压力，中职生就业压力依然存在。

3. 解决中职毕业生就业困难的对策

面对就业困难的现状，中职毕业生不能怨天尤人，无所事事，而应沉着应对。

(1) 树立信心，全力克服困难。我国的改革开放和社会主义现代化建设已进入了新的发展时期，与经济社会发展密切相关的职业教育的发展也进入了关键阶段。应当看到，当前中职教育面临的就业难矛盾，是改革发展中出现的阶段性矛盾，中职毕业生在面临严峻挑战的同时也面临着难得的机遇。看到发展的希望，坚定克服困难的信心。

(2) 推进素质教育，培养高质量人才。可以仔细考虑一下，我们接受职业教育的学生和大学毕业生相比，优势是什么？调查表明，用人单位普遍提出中职毕业生要具备较强的实践动手能力和现场解决实际问题的能力，因此，逐步提高自身的组织能力、社交能力、表达能力及生存能力，使自己具有健康的生理和心理，能自如地面对社会、参与竞争。

(3) 积极主动，提前为就业准备。中等职业学校的学生一进入学校就应该早日树立“就业”的观念，自身积极主动，学校积极配合，提前做好任何为就业而预备的工作。一是加强实际工作技术和能力的扎实培养，学到真本领，才能在竞争日益激烈的职场中屹立不败；二是结合职业学校各自专业的不同特点，早日参加各项技能专业证书的认证和考核，有了资格证书、技术证书甚至是上岗证书，再去找工作就多了一层保障。

(4) 进行正确的择业观学习，掌握择业基本技巧。中职生应该树立“只要凭诚实劳动取得合法收入”就是“就业”的观念，到生产一线去，到乡镇企业去，到私营企业去，自我拓宽就业门路。

二、我国当前的就业方针

我国当前的就业方针是三结合的就业方针，即“政府促进就业，市场调动就业，个人自主就业”。

政府促进就业是指国家运用经济、法律和行政等各种手段，扩大就业机会，提供就业服务，并确保公平就业，最终达到促进劳动者充分就业的目的。

市场调节就业是指在劳动力市场充分发育的前提下，以市场机制为劳动力资源配置的基础性调节手段，实现用人单位和劳动者的双向选择，满足双方的需要。

个人自主就业是指劳动者按照社会的需要和对现有职业的比较，选择最适合自己的兴趣、爱好和专长的职业，或在国家法律、法规和政策允许范围内，从事个体生产经营或其他劳动。

随着劳动者就业市场化，劳动者获得就业机会不再依赖政府，而是通过劳动力市场自主选择职业，竞争上岗。

1. 政府促进就业

促进就业是政府的责任，在第十届全国人大常委会第二十九次会议上通过了《中华人民共和国就业促进法》，并于2008年1月1日起施行。该法规定了政府在促进就业政策上的责任是加强就业服务，扩大就业渠道，降低就业门槛，搞好职业教育和职业技能的培训，提供就业援助等。

2. 市场调动就业

职业技术学校是连接学生与市场的桥梁，学生学什么，怎么学，学校都会及时根据市场的要求来培养学生，以就业为导向，将就业指导和创业教育贯穿于学校教学和管理的全过程。加强就业意识与就业能力的培训，积极进行职业定位教育。

模具制造业是近几年需求量比较大的专业，是热门专业，但在刚刚发展的初期，报考这个专业的学生很少。小王就是在那个时候报考的模具制造专业，有一些人劝告他应该报考发展比较稳定的机修专业，他婉言谢绝了。事实上，小王的选择是对的，他毕业后不久，社会上就兴起了模具制造热，这个时候已经在市场上锻炼几年的小王，立即购买了机器，在当地开办了一个模具加工厂，成为同龄人中发展较好的一个。

小王正是看到了市场的需求，做出了正确的选择。

3. 个人自主就业

随着我国劳动人事制度的改革和就业服务体系的逐步完善，劳动者在择业时具有越来越大的自主性和宽松的环境。国家的就业方针给了学生们施展自己才华的机会，同时，对其能力的要求也越来越高。

王龙是某中职学校汽车营销专业2011级的学生，毕业前夕他从朋友处得知长沙一汽车销售公司正在招聘的消息，抱着试试看的想法，他带着材料来到了公司办公室。一了解，与他一起前来应聘的有六七十人，其中绝大部分是大专以上学历的，而公司只招十几个人。与此同时，另一家汽车销售公司也在招贤纳士，王龙也积极参加面试，扎实的专业知识加上面试、笔试准备得都很充分，不久王龙便同时通过了两家公司的应聘，他选择了发展前景较好的一家单位。

本案例便是典型的双向选择，在用人单位选择员工的同时，员工也有权利选择适合自己的单位，总之是各取所需，个人自主就业。

三、我国促进就业的政策

1. 在经济发展和结构调整中广开就业门路

坚持扩大内需的方针，保持国民经济必要的增长速度和对就业的拉动能力；积极调整经济结构，千方百计地在第三产业、多种所有制经济、劳动密集型产业、中小企业和灵活的就业以及开拓国际市场6个领域开发就业岗位。

2. 运用财税金融等政策扶持再就业

鼓励、支持劳动者自谋职业和自主创业，鼓励企业更多地吸纳下岗失业人员再就业，帮助困难群体人员就业，以及鼓励大中型国有企业主辅分离安置富余人员。

3. 改进和完善就业服务体系，加强人力资源的能力建设

提高公共就业服务质量和效率，加强劳动力市场信息化建设，加强再就业培训，提高下岗失业人员的就业能力和创业能力。

4. 加强对就业的管理和对失业的调控

把增加就业岗位和控制失业率作为国家和各地区宏观调控的重要指标，作为各级政府的目标责任，与社会经济发展和保持稳定相结合，层层分解，督促检查，落实到位。

5. 完善社会保障体系

通过搞好下岗失业职工基本生活保险、失业保险和城市居民最低生活保障制度“三条保障线”的衔接，以及搞好养老保险、医疗保险的接续，解除流动就业劳动者的后顾之忧。

【学以致用】

就业政策帮助你

李倩文是某中职学校会计专业2年级的学生，学习成绩在班上名列前茅，生活中的她乐于助人，获得了教师和同学们的一致好评。可是最近她却愁眉不展，原因是临近毕业，而她的腿却有轻微的残疾，这是由于小时候寻找丢失的羊，在山里摔的，由于没有及时得到医治，左腿落下了轻微的残疾。现在一想到即将毕业，她就很忧虑，因为她听说许多用人单位会因为身体的缺陷而拒绝招聘。

步骤一　全班分为若干小组，假设李倩文同学是你的同班同学，你该对她说什么？

步骤二　小组分工，从国家政策上找出依据，解决李倩文的心头之忧。

步骤三　小组写一份总结报告，对相关的就业政策有所认知，并由教师点评。

【知识拓展】

毕业生双向选择就业的基本程序

1. 择业准备。

（1）心理准备：认清形势，对自己进行合理定位，明确就业地区、行业、职业等目标。

（2）材料准备：根据目标，有针对性地制作求职信、简历、推荐表、证明材料等求职材料。

2. 收集就业信息：获得信息并对信息进行分析和筛选。

3. 参加应聘：依据信息参加招聘会或前往单位应聘，根据单位的不同要求，可能要经过笔试、面试（可能不止一轮）、组织考核、政审、体检等程序。

4. 在双方共同意愿的基础上签订就业协议书。签订协议时将推荐表和审核表原件交用人单位，由用人单位到当地毕业生就业中心办理人事手续。

5. 用人单位将盖有当地毕业生就业中心印章的审核表及双方协议交学校毕业生就业办公室登记并录入就业计划。

6. 学校上报就业计划并统一申办“报到证”和“户口迁移证”。

7. 离校时领取第一批就业的学生“报到证”和“户口迁移证”，到单位报到。此后与单位之间的手续办理与学校无关，请毕业生与单位联系。

8. 毕业生离校后，学校根据就业计划转递毕业生档案至单位或人事代理机构。

9. 未就业的毕业生可在两年内进行就业，学校继续帮其上报就业计划并申办“报到证”和“户口迁移证”。超过时间未就业，学校将把毕业生的户籍和档案转到生源所在地人事部门，由当地人事部门办理就业手续。

你正在为理想而奋斗吗？
你有哪些好习惯？
你有哪些不好的习惯？

第三篇

我辈岂是蓬蒿人
——职业素养

第一课 风采自在心中

——职业素养的内涵

【至理名言】

绳锯木断，水滴石穿。

——罗大经

天下之事常成于困约，而败于奢靡。

——陆　游

【看图悟道】

想一想，猪八戒有哪些坏习惯？这些坏习惯对他产生了哪些影响？________________

____

____

【知识探究】

一、职业素养

职业素养是完成和发展职业活动所必需的基本意识、能力和知识的集合，反映了从业者在从业过程中的精神状态和能力水平。良好的个人职业素养不仅是专业技术得以学习、应用和创新的基础，也是职业生涯健康稳定发展的保障。职业素养主要包括职业道德、职业情感、职业技能和职业习惯。

1. 职业道德

职业道德是同人们的职业活动紧密联系的。由于从事某种特定职业的人们，有着共同的工作内容和方式，受到共同的职业训练，因而，往往具有共同的职业理想、兴趣、爱好、习惯和心理特征。职业人在职业生涯中会结成某种特殊的关系，形成特殊的职业责任和职业纪律，从而产生特殊的行为规范和道德要求。职业道德教育是将各种职业规范转化为从业人员的职业行为和职业道德品质的重要环节，包括职业理想、职业态度、职业义务、职业技术、职业纪律、职业良心、职业荣誉、职业作风等。良好的职业道德修养是职业人取得职业成功的关键。

各行各业都有自己的职业道德要求，职业道德修养是一种自律行为，关键在于“自我锻炼”和“自我改造”。任何一个从业人员，职业道德素质的提高，一方面靠他律，即社会的培养和组织的教育；另一方面就取决于自己的主观努力，即自我修养。两个方面缺一不可，而且后者更加重要。

2. 职业情感

职业情感是职业人对特定职业是否感到满足而产生的内心体验，如职业兴趣、职业美感、职业意志等。职业人只有对他所从事的职业有着浓厚的兴趣，才能自觉地刻苦钻研业务，苦练基本功，不断提高自己的技能水平，引发强烈的职业热情，形成对职业的长久的注意力，时刻关注和追踪与职业有关的信息和技术。只有热爱自己的职业，才能真正做到“爱岗敬业”。职业情感是职业人职业成功的内在动因。

张维，毕业于某中职学校会计专业，通过自学获得了大专文凭后考入农村信用合作社。工作几年来，她兢兢业业，勤勤恳恳，得到了广大储户和领导、同事的一致好评，多次被省、市分行表彰为“青年岗位能手”、“成材达标先进个人”、“爱岗敬业先进个人”。曾先后在办公室、资金营运部、计划财会部、营业部等部门工作，虽说走过的工作部门不少，但无论在哪一个工作岗位，她都踏踏实实、勤勤恳恳地工作，不断丰富自己的业务知识，提高自身的业务技能，努力把自己造就成为一名新时期“自尊、自信、自立、自强”的职业女性。

爱岗敬业是每一个工作人员必备的职业素养，只有干一行、爱一行，投入职业情感才能在自己的领域内有所发展。

3. 职业技能

对于一定范畴的从业者而言，在熟悉专业理论的基础上，通晓专业生产各个环节的基本技能并熟练操作，能够分析解决生产实践中出现的一般问题，能够创造性地开发和运用专业生产的新方法、新技术、新模式，是胜任本职工作的基本能力和看家本领。过硬的职业技能是职业成功的重要基础。除了掌握技能外，还应注意培养综合能力，如学习能力、组织能力、交往与合作能力、专业能力、选择方法策略的能力、自主性、责任感和承受能力。

小于是某中职学校 2010 年文秘专业的毕业生，毕业后在一家报社做临时校稿员，工资待遇很低，但是她不埋怨，而是苦练基本功，几年下来，小于的校稿水平远远超过了刚毕业的研究生，她过硬的业务素质也让领导和同事们刮目相看。

只要认真钻研，对待工作保持热情，就一定能够获得成功。

4. 职业习惯

每种职业都有其特定的要求，长期从事某种职业的人，都有着与职业有关的良好的习惯，有时我们通过一个人的言谈举止即可判断出他的职业。职业习惯是职业人职业成功的外在表现。

习惯由一个人行为的累积而定型，它决定人的性格，进而成为决定人生的重要因素。

有一名员工，负责审核公司的一些文件。一天，总经理因为时间紧急，就叫他帮自己审核一下文件，出去时并告诉他认真检查，那份文件是他要参加一个会议的资料。这个职工拿起来审核了一遍，发现没什么问题，于是便随手放在了桌子上。不一会儿，总经理办完事回来了，这名员工看都没看随手拿出文件给了总经理。总经理来到会议室，拿出文件发现这份文件并不是他的那份文件，于是总经理又返回办公室取回了自己的那份文件。不久，那位员工被公司辞退了。

由此可见，不要忽略了我们平时的习惯，它关系着我们的将来，我们要把握住它。

一个人养成了良好的工作习惯，他对工作有一种亲和心理，会从心底把工作当成自己的第一需要，让它变成一种乐趣。他会有意识地支配自己按照平时的套路做那些与工作相关的事，使之在不知不觉中，把事情做得既轻松又有条理。这样的话，工作的过程就变成享受快乐的过程。

【学以致用】

日常生活习惯“大揭露”

步骤一　准备白纸和笔，全班分为若干小组，选择一个互相了解的人做搭档。

步骤二　组内成员相互写几点他人日常生活的习惯，以及由此带来的影响。

步骤三　组内成员相互交流讨论，做自我评价，并为对方提出意见和建议。

步骤四　和搭档互相监督，保持好习惯，早日改正坏习惯。

【知识拓展】

习惯修炼

习惯是一种坚持，许多时候，坏习惯就在你认为舒适的时候形成了。如果你想成功就必须要有成功者应有的习惯，改掉自己身上的坏习惯。培养积极的职业习惯，必须突破以下心理舒适区。

1. 学会控制自己的情绪

学生时代是人最率真、随性的时代，所有的喜、怒、哀、乐都可以毫不掩饰地表现出来，然而一旦进入职场，要学会控制自己的情绪。

2. 学会与人沟通

人和人之间存在着必然的差别，所以在沟通方式上也有所不同，有人快人快语，开门见山；有人沉默寡言、拐弯抹角。与人交流要学会倾听，不能光顾着表达自己的意见而忽略了对方的想法。

3. 与不喜欢的人打交道

在生活中，人与人交往时往往会选择志趣相同的人，而对自己不喜欢的人便避而远之。但是在工作中，我们往往需要与不同性格的人打交道，这个时候你就需要尝试与不同性格的人交往，提升自己的职场情商。

第二课 天下兴亡，匹夫有责

——责任心的重要性

至理名言

我们活着不能与草木同腐，不能醉生梦死，枉度人生，要有所作为。

——方志敏

骄傲自满是我们的一座可怕的陷阱；而且，这个陷阱是我们自己亲手挖掘的。

——老　舍

看图悟道

想一想，悟空这样做是为什么？他的责任是什么？________________

____

____

知识探究

责任，是指我们应该完成的任务，应该做好的工作。一个人无论担任什么样的角色，做什么样的工作，他都要承担一定的责任。在这个世界上，我们每个人都扮演了不同的角色，从某种程度上说，角色扮演的最大成功，就是对责任的完成。正是责任，让我们在困难时能够坚持，在成功时能保持冷静，在绝望中不放弃。

一、不可推卸的责任

当人从出生的那一刻起，责任便随之而来。当我们在人生旅途中奋力拼搏时，责任在你我耳畔轻声叮咛，为我们指出人生的道路。不同的人生决定了每个人不同的责任，不同的人生阶段又造就了每个时期的不同责任。

1. 对自己负责

每一个人都要本着对自己负责的态度，不断地反省自己，修正自己，督促自己，成为一个对自己言行负责的人。

小萌是河南某中职学校护理专业的学生，成绩优异，极富责任心，她的理想是做一名像南丁格尔那样的护士，用自己的努力减轻病人的痛苦。可是做生意的父母觉得护士这个职业太辛苦，想让她回家里帮忙料理生意。小萌说：“我要对自己负责，如果我现在放弃了护士这个理想，那我会后悔一辈子。”父母拗不过她，她便走上了护士的岗位，她对工作的认真、耐心、细致获得领导和病人的一致好评。

正是基于对自己负责、对工作负责的态度，小萌取得了令人瞩目的成绩。

2. 对家庭负责

对家庭负责，学会孝敬。孝是中华传统美德，其实质是对父母、对家庭负责。一个人的行为如果对父母、对家庭不负责，则就是不孝。关心疼爱父母是孝，堂堂正正做人，让父母省心、放心，认认真真求学，让父母看出孩子的健康成长，这些都是对父母、对家庭负责的表现，是做人最为基本的一点，也是对父母最好的孝敬。

3. 对社会负责

责任感是一种以人道、人生、人性、人格为本位的价值取向。它是在人们对自身价值的认识、自身发展、自身完善和追求自身需要的过程中形成的，并规范、指导和约束着人们自身的各种活动。不同行业的从业者，可能因为工作性质不同，所履行的职责也有所不同，但是他们所承担的社会责任感都具有一个相同的标准尺度，那就是“追求对社会有利的长期目标”。

1834 年，25 岁的亚伯拉罕·林肯当选为伊利诺斯州议员，开始了他的政治生涯。1836 年，他又通过考试当上了律师。

当律师以后，由于他精通法律，口才很好，在当地很有声望。很多人都来找他帮着打官司。但是他为了当事人辩护有一个条件，就是当事人必须是正义的一方。许多穷人没有钱付给他劳务费，但是只要告诉林肯："我是正义的，请你帮我讨回公道。"林肯就会免费为他辩护。

一次，一个很有钱的人请林肯为他辩护。林肯听了那个客户的陈述，发现那个人是在诬陷好人，于是就说："很抱歉，我不能替您辩护，因为您的行为是非正义的。"

那个人说："林肯先生，我就是想请您帮我打这场不正义的官司，只要我胜诉，您要多少酬劳都可以。"

林肯严肃地说："只要使用一点点法庭辩护的技巧，您的案子很容易胜诉，但是案子本身是不公平的。假如我接了您的案子，当我站在法官面前讲话的时候，我会对自己说：'林肯，你在撒谎。'谎话只有在丢掉良心的时候，才能大声地说出口。我不能丢掉良心，也不可能讲出谎话。所以，请您另请高明，我没有能力为您效劳。"

那个人听了，什么也没说，默默地离开了林肯的办公室。

中国有句老话：己所不欲，勿施于人。不论是从从业者的角度来说，还是从作为单独个体的人来说，保持自身的正义感是对自己负责的表现，也是对社会负责的表现。林肯拒绝以谎言为前提的官司，这正是它强烈社会责任感的表现。

二、培养责任心

所谓责任心，是指个人对自己和他人，对家庭和集体，对国家和社会所负责任的认识、情感和信念，以及与之相应的遵守规范、承担责任和履行义务的自觉态度。一个道德情感贫乏，缺乏责任感的人是不会真正关心他人，无法与人真诚合作，也无法适应未来社会的。责任心与自尊心、自信心、进取心、恒心、事业心、孝心、关心、同情心、善心相比，是"群心"中的核心。它是健全人格的基础。同时，责任心是可以培养的。

1. 在增强个人独立性中学会为自己负责

人本主义学派的罗杰斯认为，人都有一种积极向上的内在趋势，个人所表现出来的主动尝试的愿望，就是一种责任的萌芽。因为人的自尊是通过努力提高能力和履行责任来实现的。在个人面临学业或生活问题时，要意识到麻烦是自己的事，要自己尽可能独立地想办法解决，学会做出自己的决定，从而学会对自己的决定和自己的行为负责。

2. 通过承担家庭责任学会负责

家务劳动是培养责任心的奠基石。根据有关统计，中国孩子每天家务劳动平均为1～2个小时，而美国孩子为3～4个小时。作为家庭的一名成员，既应该享受其权利，也应承担一定的家庭责任，在为家庭做一顿饭、洗一次衣服、倒一次垃圾的过程中感受责任的分量，强化自己对他人负责，对周围环境负责的责任心。

3. 在学习中学会负责

作为家庭成员，有享受家庭幸福的"权利"，更有为家庭创造幸福的责任。上学读书，学习知识，完成学业就是学生责无旁贷的一种责任。我们能否主动地进行自我设计，确立目标，树立理想，主动有选择地学习，而不是盲目地学习，是对自己的未来负责任的表现。

4. 在承担社会责任中学会负责

在参加各种公益活动、参加假期的社会实践活动中发挥自己的作用，就是学会独立生活，形成自尊、自信的最好途径之一。当我们不再仅仅考虑自己的利益和需要，而愿意为社会提供服务时，就逐渐成为有社会责任感的公民了。

目前，社会越来越依赖和看重从业人员的职业精神或人才品质，当前中职学生非常需要培养敬业精神。有人说："艰苦与挫折是人生的一种财富"，"吃苦是成才的门槛，经历艰难才好做人"这些都是极有道理的。挫折与苦难，可以磨炼人的意志，升华人的精神，促进人的成熟，完善人的品格。

【学以致用】

责任心大挑战

教师策划一次班级活动，主题是"责任心考验"，活动后让学员自己讨论并对此次活动做出评价，得出"责任心的重要性"这个结论。

步骤一　组织一次小型郊游活动，本次活动，不指定负责人，让学生自由组成若干小组。

步骤二　教师可以宏观把握，观察活动过程中诸如"买票"、"查询路线"等事件，还可以设置一些小活动。

步骤三　对于活动过程中出现的突发事件，教师可以观察学生是如何处理的。

步骤四　活动结束后，班级讨论，并评选出本次活动中较富有责任心的同学，并得出"责任心的重要性"这个结论。

【知识拓展】

如何增强责任感

1. 勇敢地对自己说"我要负责"

成熟的第一步是勇于承担责任。我们即将走上社会，成为一名有素质的社会公民，这就要求我们首先要能够为自己负责，因此从现在开始，无论是学习、做事、与同学交往，都应认真对待、善始善终，时刻提醒自己要负责任。主动承担班级、学校和家庭的一些事务，无论事大事小都要尽心尽力去做好。即便犯了错误，也要勇于承担后果，不逃避、不推卸责任。要对自己、父母及社会履行诺言，尽责尽力。能勇敢地对自己说"我要负责"，你就会发现你已在把握自己的命运。

2. 不找任何借口

凡事若想推卸责任都能找到借口，一旦想找借口，你就失去了战胜困难的勇气，就永远找不到问题的症结所在。《没有任何借口》是一篇非常著名的文章，其作者是美国西点军校的一名毕业生。文章中介绍"没有借口"是西点军校奉行的最重要的行为准则，它强化的是每一位学员都应想尽办法去完成任何一项任务这一意识，而不是为没完成任务寻找任何借口，哪怕是看似合理的借口。

3. 从小事做起

责任心是一座道德大厦，它是由一根根钢筋、一块块砖头垒起来的。一个人的责任感也是从一件件平凡的小事、一天天默默无闻的工作中体现出来的。我们都熟悉的英国护理学先驱、白衣天使南丁格尔，她的伟大就来自平凡。她把护理工作当成是一种关乎人的尊严，乃至人类文明的神圣事业，而这些恰恰是通过诸如采光、通风、消毒、伙食、卧具等细致周到的关爱中体现出来的。工作有分工不同，无论是统管全局的领导，还是平凡岗位的小员工，系于责任就没有小事。一颗道钉足以倾覆一列火车，一根火柴足以毁灭一片森林，一张处方足以决定一个人的生命。培养责任感要从小事做起，从身边做起，从现在做起，不断提高自己的责任意识，为将来走上工作岗位做好准备。

4. 责任等于秩序

从1898年第一位死于汽车轮下的美国妇女算起，到20世纪80年代末，全世界因车祸丧生的人数累计达3 200万人，重伤残者达6 000多万人，主要原因是驾驶人员与行人违章。国家有法律，职业也有纪律，如果在工作中忽视法律和纪律，就难免会出现种种错误。职业纪律的核心就是讲秩序，讲秩序的前提就是要负责任。如果一个人不讲秩序、不讲职业纪律，你会相信他是一个负责任的人吗？

5. 责任等于价值

想要有所作为，展现你的人生价值，首要的是做好本职工作。对于刚进入职场的毕业生来说，则是要做好自己的第一份工作。处境的改变、理想的实现、事业的成功，很多时候不在于做的是什么工作，而是工作做得怎么样。

第三课　众人拾柴火焰高

——打造团队精神

至理名言

人类学会走路，也得学会摔跤，而且只有经过摔跤他才能学会走路。

——马克思

人都有喜怒哀乐，这个避免不了。我现在认为应该做到三条：第一是克制；第二是谦虚；第三是执著。

——张瑞敏

看图悟道

想一想，如果这个团队中缺少一个人，会是什么样子？____________________________

____

____

【知识探究】

团队是由员工和管理层组成的一个共同体，它合理利用每一个成员的知识和技能协同工作，解决问题，达到共同的目标。团队精神是团队成员为了团队利益和目标而相互协作、尽心尽力的意愿和作风，是将个体利益与整体利益相统一从而实现组织高效率运作的动力，是高绩效团队的灵魂，是成功团队最重要的特质。

一、团队精神的特点

所谓团队精神，简单来说就是大局意识、协作精神和服务精神的集中体现。团队精神的基础是尊重个人的兴趣和成就。核心是协同合作，最高境界是全体成员的向心力、凝聚力，反映的是个体利益和整体利益的统一，并进而保证组织的高效率运转。挥洒个性、表现特长保证了成员共同完成任务目标，而明确的协作意愿和协作方式则产生了真正的内心动力。

1. 凝聚力

所谓团队的凝聚力指的是团队成员之间有很强的归属感，每个成员都把自己当做这个团队的一分子，对团队负责，有强烈的集体荣誉感，为共同的目标努力。

2. 合作意识

所谓团队的合作意识指的是团队成员之间有强烈的团队合作精神，在面对困难的时候能够相互鼓励，彼此之间能够相互尊重，相互宽容。

3. 高昂士气

团队的高昂士气就是团队成员积极进取，对团队目标尽心尽力、全方位投入的精神状态。

人的 10 个手指，每一个都有各自的特点和优势，可是单独地用每一个手指来做一件事情的话，就会显得非常笨拙，只有 10 个手指团结起来，才会将手的作用发挥好。团队的成员也是一样，重要的是让每一个人做他最专长的事情，而且不要轻视任何一个人的力量。

团队精神是用人单位选择员工的首要条件。每个人都应思考在团队中你是在创造环境，在跟随环境，还是在抱怨环境。一个企业的生存和发展，甚至一个国家的生存和发展都需要一种精神力量，首要的就是凝聚力，也就是团队精神，这才是一个企业真正的核心竞争力。无论是在校园里，还是走上了工作岗位，这种团队意识、团队精神都是帮助我们成功的因素。

二、团队精神的木桶原理

盛水的木桶是由许多木板箍成的，盛水量也是由这些木板共同决定的。若其中一块木板很短，则此木桶的盛水量就被短板所限制，这块短板就成了这个木桶盛水量的“限制因素”（或称“短板效应”）。若要使此木桶盛水量增加，只有换掉短板或将短板加长才可以。人们把这一规律称为“木桶原理”。

在一个团队里，决定这个团队战斗力强弱的不是那个能力最强、表现最好的人，而恰恰是那个能力最弱、表现最差的落后者。因为，能力最弱的人相当于木桶中最短的木板，它在对最长的木板起着限制和制约作用，决定了整个团队的战斗力，影响了整个团队的综合实力。也就是说，只有想方设法让短板子达到长板子的高度，或者让所有的板子维持“足够高”的相等高度，才能完全发挥团队作用。人们常说“取长补短”，即取长的目的是为了补短，只取长而不补短，就很难提高工作的整体效应。

华讯公司员工小刘，由于与主管的关系不太好，工作时的一些想法不能被肯定，从而忧心忡忡、兴致不高。正巧这时摩托罗拉公司需要从华讯公司借调一名技术人员去协助推广市场服务。于是，华讯公司总经理在经过深思熟虑后，决定派小刘去。小刘得知这一消息后很高兴，觉得有了一个施展自己拳脚的机会。去之前，总经理只对小刘简单交代了几句：“出去工作，既代表公司，又代表个人。怎样做，不用我教。如果你觉得顶不住了，打个电话回来。”

一个月后，摩托罗拉公司打来电话：“你派出的兵还真棒！”

“我还有更好的呢！”华讯公司的总经理着实松了一口气。

小刘回来后，部门主管对他刮目相看，他自己也增添了自信。后来，小刘对华讯公司的发展也做出了不小的贡献。

这个例子表明，注意对“短木板”的激励，可以使“短木板”慢慢变长，从而提高企业的总体实力。木板的高低与否有时候不是个人问题，而是团队的问题。

三、团队精神的表现

1. 成员对团队强烈的归属感

团队成员强烈地感受到自己是团队的一员，并且由衷地把自己的前途与团队的命运联系在一起，愿意为团队的利益与目标尽心尽力。团队成员对团队具有无限的忠诚，决不允许有损害团队利益的事情发生，并且极具团队荣誉感，常为团队的成功而骄傲，为团队的困境而忧虑，真心实意地与组织同甘苦，始终在组织的立场克服个人利己思想，事事以组织利益为重。

2. 正确处理竞争与合作的关系

一个人的智慧和能力终归是有限的，团队不仅能够完善和扩大个人的能力，还能够帮助成员加强相互理解和沟通，把团队的任务内化为自己的任务，这样的团队才会战胜一切困难，赢得最终的胜利。同时，团队成员也会在团队协作的过程中迅速地成长起来。

3. 培养自己的团队意识

团队是一个有机的、协调的并且有章可循的整体。这个整体能力并不是所属成员能力的简单算术和，而是一种不论在数量上还是质量上都远远超出每个成员能力的新力量。优秀团队的形成不是靠某一两个人，而是靠全体团队成员的共同努力。要知道最优秀的团队，并不是由最优秀的员工组成的，而是由各个成员团结协作、扬长避短来组建的。在专业化分工越来越细、竞争日益激烈的今天，靠一个人的力量是无法面对千头万绪的工作的。一个人可以凭着自己的能力取得一定的成就，但是如果把你的能力与别人的能力结合起来，就会取得更大的令人意想不到的成就。

现在，用人单位很看重员工的团队精神，也许有的员工个人能力很强，但他没有团队意识，不善于和其他同事交流，那用人单位对他的态度也是可想而知的。在现代社会激烈的竞争中，埋头蛮干，刚愎自用的员工注定会被淘汰，众人拾柴火焰高，合作与交流是竞争取胜的必备要素。

【学以致用】

团队精神的训练——定向越野赛

定向越野简介：定向越野是定向运动的主要比赛项目之一。选择行进路线，依次寻找各个检查点，用最短时间完成比赛者为优胜。

步骤一　教师带领部分学生负责制作校园地形简图，选择寻找路线。通常按环形设计，如图 3-1 所示。在每个检查点都摆放相应的小印章。

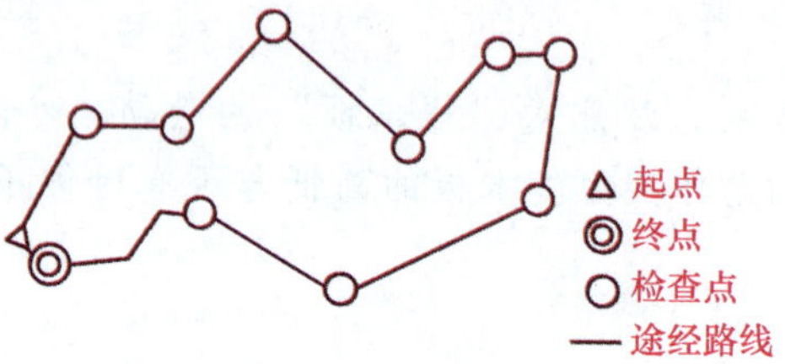

图 3-1　定向越野比赛规格设计

步骤二　选择集合地，宣布定向越野赛的规则。

步骤三　全班分为若干小组，每组一份地图和一张检查点表格，每找到一个检查点盖上相应的印章。出发时间有记录，每组间隔 2min 左右。

步骤四　回到终点后，评出前 3 名，让优胜者谈谈合作的感想。教师总结团队精神的重要性。

【知识拓展】

团队及其精神建设

任何一个团队都经过组成、运作、结束3个过程。我们必须全面了解团队进化历程的特点以及优秀团队的要件，才能懂得如何积极融入团队，成为一名优秀的团队成员；才能懂得如何组织和管理有绩效的优秀团队，弘扬团队精神。

1. 团队的进化历程

（1）形成期。团队形成初期，团员彼此不了解，关系比较拘谨，这时需要多沟通，成员间共享个人信息，可促进相互间的了解。团队领导要引导成员把注意力转移到组织任务上，形成一个洋溢着礼貌、和谐气氛的集体。

（2）冲突期。这一时期是团队最危险的时期，成员因争名夺利或为获得有控制权力的职位而争斗。对于出现的各种问题各持己见，对于团队的发展方向也争论不休，有时外面的压力也渗透到团队内部，形成更多的矛盾。在各人维护自己权益的同时，增加了组织内部的紧张气氛。在这种情况下，需要强有力的领导来协调、沟通、组织、控制，加强成员间的沟通，以免团队失去方向。

（3）规范期。冲突期平息后，组织成员开始以一种合作方式组织在一起，并且在各派竞争力量之间形成一种试探性的平衡。组织的规范得以产生，并指导每一个人的行为，协调感一天比一天明显。

（4）产出期。随着组织的规范化，团队逐渐成熟，开始能应付复杂的挑战。能执行其功能角色，并且可以根据需要自由交换，交予的任务也能得以高效地完成。

（5）结束期。任务完成，这是总结的好时机，总结是为了下次的成功而准备的。

2. 优秀团队的要点

（1）要有明确的目标。目标是团队和团队精神的指南针，是众人着力的方向。如果没有一个大家认同的、共同追求的、可以引导方向的目标，那么这个团队将是一个毫无绩效的团队。一个团队不但要有明确的目标，并且还要让团队每一个成员认识到目标的重要性，这样，团队成员才能知道应该朝什么方向努力。成功的团队会把共同的目标转变成具体的、可衡量的、现实可行的个人绩效目标。

（2）共同的承诺。团队成员达成目标共识后，还要十分清楚为实现目标自己该承担什么职责、该尽什么义务，并为此承诺尽职尽责，树立自我高度责任意识。有了共同的承诺，团队才有动力和凝聚力，这是团队精神形成的基础。

（3）坦诚的沟通。团队的每个成员都需要充分了解与目标相关的信息，了解现在存在的问题，了解决策调整的原因。团队内部的沟通越通畅，团队合作的气氛就会越浓厚。

（4）相互信任、支持、协作。这是团队精神的核心。团队是由不同特性的个体组成的，每一个个体都有其特长和缺点。每个成员要有较强的集体荣誉感，为共同目标相互融合、彼此信任，挖掘并发挥特长，相互支持、团结协作，团队就会战无不胜。

（5）有效的领导。领导是团队的“领头羊”。有效的领导能够使团队有正确的前进方向，能够率领团队在逆境中取得成功。优秀的团队领导能认清团队目标，建立团队共识和自信，提升团队工作技巧，消除外界障碍等。

（6）不断寻求发展。荣誉感和归属感是优秀团队的必备品质，如果每一个成员都有极强的集体荣誉感和与团体不可分割的归属感，那么在工作中，成员们不但会相互激励，不断提高战斗力，而且能以集体荣誉为骄傲，不断寻求团队的更高层次的发展。

一个积极向上的团队能鼓舞每一个人的信心；一个充满斗志的团队能够激发每一个人的热情；一个倡导创新的团队能够为每一个人的创造力的延展提供足够的空间；一个协调一致、和睦融洽的团队，能给每一个成员一份良好的感觉。遵循团队发展特点，抓住以上6方面构建优秀团队的要点，营造团队积极向上的氛围，会让工作开展得更顺利、工作成绩更突出。

你快要毕业了吗？
你准备好奋斗了吗？

第四篇

疾风知劲草
——求职面试

第一课 吹尽狂沙始到金

——求职渠道

【至理名言】

好习惯的养成，在于不受坏习惯的诱惑。

——阿拉伯谚语

栽种思想，成就行为；栽种行为，成就习惯；栽种习惯，成就性格；栽种性格，成就命运。

——李嘉诚

【看图悟道】

如果你是孙悟空你会怎么建议他求职？

A. 上天庭广投简历

B. 参加蟠桃大会时注意有没有单位招人

C. 请如来佛祖推荐工作

小组讨论，谈谈自己的看法，记录下有见地的想法：

____

____

____

知识探究

“年年岁岁花相似，岁岁年年人不同”，即将毕业走向社会的阶段，是人生转折的过渡时期，紧张而充满希望；求职面试，更是从未经历过的新鲜“历险”。唯其新鲜，才具备挑战的意味；唯其“历险”，才需要智勇双全。迎接求职面试高峰的到来，我们需要做的，是寻找求职渠道。

所谓求职渠道指的是搜集工作信息以及求职的途径。对渠道进行分析的目的是为了尽可能地抓住一切工作机会并充分地把自己的资源利用起来。求职过程中的一个重要步骤就是从各种渠道寻找有效信息并加以分析综合。

求职渠道主要包括学校推荐就业、招聘会、洽谈会、报纸杂志、网络、关系网、主动求职、曲径求职、实习单位等。

1. 学校推荐就业

职业学校把解决毕业生就业问题当做自身的一项重要任务，并通过安排毕业生就业来了解用人单位对毕业生的要求，不断探索适应市场需要的人才培养标准，不断增强学校的办学活力。从目前情况来看，学校推荐毕业生就业是职业学校毕业生就业首选的求职渠道，也将是今后我国社会新生劳动力就业的重要渠道。

（1）学校推荐就业的程序

学校推荐毕业生就业是学校教育教学工作的延伸，因此，学校在推荐毕业生就业前首先是在学生中开设就业指导课或开展就业指导活动，对学生进行就业观念教育与择业技巧的指导，以端正学生的择业观念，提高学生的求职水平。其次是设计并指导学生制作毕业生求职的书面材料（主要是《毕业生就业推荐表》，见表4－1），为推荐毕业生就业做好准备。第三是实施毕业生就业推荐。

▼表4－1 毕业生就业推荐表

<table>
<tr><td>姓名</td><td></td><td>性别</td><td></td><td>出生年月</td><td></td><td rowspan="4"></td></tr>
<tr><td>籍贯</td><td></td><td>民族</td><td></td><td>政治面貌</td><td></td></tr>
<tr><td>学制</td><td></td><td>学历</td><td></td><td>健康状况</td><td></td></tr>
<tr><td>入学年月</td><td></td><td>毕业年月</td><td></td><td>专业</td><td></td></tr>
<tr><td rowspan="2">本人通讯地址</td><td colspan="3" rowspan="2"></td><td>邮编</td><td colspan="2"></td></tr>
<tr><td>联系电话</td><td colspan="2"></td></tr>
<tr><td>社会实践</td><td colspan="2"></td><td>证书</td><td colspan="3"></td></tr>
</table>

续表

<table>
<tr><td>奖惩</td><td></td><td>技能特长</td><td></td></tr>
<tr><td>教育背景</td><td colspan="3"></td></tr>
<tr><td>备注</td><td colspan="3"></td></tr>
<tr><td>毕业生自我推荐</td><td colspan="3">本人签名：　　　　　　年　　月　　日</td></tr>
<tr><td>班主任鉴定</td><td colspan="3">班主任签名/盖章：　　　　　　年　　月　　日</td></tr>
<tr><td>学院推荐意见</td><td>盖章：　　　　年　　月　　日</td><td>学校意见</td><td>盖章：　　　　年　　月　　日</td></tr>
</table>

学校推荐毕业生就业的关键是学校能够获取足够多的用人需求信息，以供毕业生择业时选用。学校负责推荐就业的职能部门，经常与可能用人的单位联系或参加各种招聘会、洽谈会，以获取就业信息。

（2）学校推荐毕业生就业的形式

①直接向用人单位推荐。

②召开供需洽谈会。

③实行实习就业一体化。

2. 招聘会、洽谈会

一般来说，各地的劳动人事部门都会定期举办各类人才招聘会、洽谈会等，以促进人才的合理流动，同时也为大中专毕业生的就业创造机会。职业学校毕业生也应积极参加这些活动。

目前的招聘会主要有两种，一种是大型综合招聘会，一般选址在大型的展览中心、体育场馆，可以吸引几百家甚至上千家各种行业和类型的公司前来现场发布职位信息并与求职者见面。大型的招聘会一般按季度举办，如“××市秋季人才招聘大会”。另一种是规模比较小的专业人才招聘会，参加招聘的公司、企业都是来自特定行业，前来的求职者也多是以该行业和职业类型为求职目标。

参加招聘会要注意以下几点，以提高成功率。

（1）多多留心。早去晚归，尽可能在会场多看一看。招聘会场是广泛联系的好地方，这就像参加了一千多次面试。

（2）准备充足。喧闹的会场，熙熙攘攘的应聘者，对此场面要有心理准备，切忌手足无措。查看会场平面图，选择你的目标企业，圈出你要应聘的公司。但在去理想公司前，先试一下其他稍差的公司，这可以帮助你获得自信，也可以排练一下“自我推销术”。

（3）衣着得体。穿职业装，因为衣着整齐依然很重要。不要把外套搭在胳膊上，以便腾出手来与招聘人员握手或者填写表格。

（4）自我介绍。在招聘会上向别人推销自己时，不要长篇累牍，因为招聘人员时间有限。要学会最有效地表达自己，理想的时间是3分钟。

（5）开门见山。做到直截了当，引人注目，这样招聘人员才会记住你的姓名和特点。要满怀信心地面对招聘人员。

（6）亲自体会。不要过分依靠根据朋友或家人听到的传言而热衷或歧视某个公司。要亲自与公司接触，做出客观明智的选择。

3. 报纸杂志

在报纸和刊物中寻找职位信息是最传统和常见的求职方式之一。对于刊登求职信息的报纸一般也分两种，一类是大众类报纸，如《北京青年报》《新民晚报》《南方都市报》；另一类是专门的人才类报纸，如《人才市场报》等。

4. 网络

目前，青睐于网络招聘的求职者不在少数。但是在享受网络带来的快捷和方便的同时也要注意防止网络诈骗。

（1）求职者需要根据个人的专业、爱好和特长，有目标地向用人单位求职，不要没看清楚职位的具体需求就盲目地投简历，尤其注意不要应聘同一单位的不同岗位，这样容易给用人单位留下随意、不专业、缺少诚信的不良印象。

（2）寻找合适的时间。通常网络招聘会的举办周期在一周或一个月不等，但对于求职者来说，需要争取第一时间寻找合适的企业，投递简历。同时，求职者需要留心信息发布时间、有效期等。求职者需要关注和留心信息发布的时间，争取在第一时间将自己的“名片”递到用人单位的手中。

（3）参加正规网上招聘。因为网络本身的特性，很容易出现网络诈骗和虚假信息，在选择的时候要格外注意。

5. 关系网

所谓的关系网，就是通过能够帮助你的亲戚、朋友，第一时间获得招聘信息，比其他竞争者早做准备，为自己的成功奠定坚实的基础。

列一个关系网表，先从亲戚和挚友开始，然后是一般认识的熟人，之后再逐个地同他们联系。如果他们确定不熟悉你所寻求的职业，就请他们为此事留心，同时请他们为你介绍一些可能对你所求职业熟悉的人。

借助关系网求职，同样需要携带简历、求职信等相关资料。因为能够招聘你的人并不一定了解你，这点很多求职者通常会忽略，一定要引起足够的重视。

王猛、李青、刘扬3人同为某职业学校的毕业生。王猛参加人才市场招聘会，并到用人单位面谈，实现了自己心中的愿望。李青由学校推荐到某单位就职，虽然薪水不是很高，但专业对口，劳动强度不大，因此，他觉得基本满意。刘洋是个很重情面的人，他的朋友介绍他到某私营企业去打工，他觉得情面难却就去了，虽然刘洋的薪水还过得去，但专业不对口，劳动强度很大。干了两个月后，他觉得吃不消就离开了这家私营企业。

通过关系网求职一定要谨记，选择适合自己的岗位。

6. 主动求职

所谓主动求职，是指主动和用人单位联系，用自己的自信、诚心打动对方，这需要应聘者要有较强的交流、沟通能力，但切记一定要具备实力，做好充足的心理准备，因为很有可能碰钉子，这个时候不能气馁。

某校园林专业2011届毕业生李某，在校期间担任过院学生会主席，个人能力很强，有一股闯劲。他毕业后想去上海工作，但春节前来学校招聘的上海单位没有合适的。春节期过后，他带着自己的各种证书，一个人到上海，到相关的单位一个一个地跑，虽然被一次一次地拒之门外，但他没有灰心，在上海跑了20多天后，最后他到上海市园林局人事处求职时讲了他的经历，人事处的同志很感动，虽然他们局机关不能接收他，但可以安排他到下属单位工作，并且下属几十家单位任他挑选。最后他选择了上海市区的一个园艺站。

机会是需要自己去争取的。毕业生在求职择业时，不能被动地等待，而要积极主动地出击，这样才能如愿以偿。

主动求职需要注意以下几个方面。

（1）知己知彼。主动并不是对任何公司都会有用处，如果拿不准主意，可以事先请熟人帮忙询问该公司的人事部经理是否欣赏主动精神，而有些人事经理更欣赏踏实、不爱出风头的员工。

（2）因地制宜。根据工作不同、职位高低等自身和其他因素，可“因地制宜”地选择是否主动，如销售人员可以多主动，行政人员可以少主动；低级职位可以多主动，高级职位可以少主动；不规范的企业可以多主动，规范的企业可以少主动；个人条件和应聘的工作要求，差距小的时候多主动，差距大的时候少主动。

（3）适可而止。主动求职时，在薪金的谈判方面上比较有利于企业，而不利于个人，企业可以抓住候选人的心理，趁机压低候选人的期望值，这点需要事先做好心理准备。主动求职千万不要做过头，否则容易引起对方的反感。

7. 曲径求职

目前社会竞争激烈，很多时候不可能一毕业就立即找到一份心怡的工作，这个时候你需要先从小事做起，等待机会，储备实力，在适当的时间展示出来，得到企业和社会的认同。

20岁的小余是安徽某中职学校幼教专业的学生，2011年毕业时，她不喜欢父母在家乡给自己安排的工作，而是想去省会城市闯一闯，于是她去参加了合肥市的一些招聘会。遗憾的是，许多用人单位要求的都是大专以上的学历，但是小余并不气馁，终于有一家幼儿园招聘幼儿的生活辅导员，虽然工资比较低，但小余还是去面试了，结果她很顺利地通过了面试。在工作中，她认真仔细，孩子们都很喜欢她，同时她也不忘记学习，时常边弹电子琴，边教孩子们唱歌，一年过去了，幼儿园有一个老师离职，在新一轮的招聘中，园长毫不犹豫地聘请了小余。

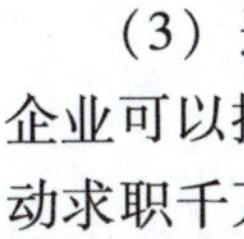

案例中的小余是一个聪明的求职者，她首先从辅导员做起，等待机会。有句话说得好“机会属于有准备的人”。果然，在新一轮的招聘中小余成为了一名老师。

8. 实习单位

用人单位很看重刚毕业学生的实习经验，同样选择在一个单位实习，你可以抓住机会，努力表现，以期能够在实习单位任职，这也是一次“双赢”，为双方节省时间、金钱和精力。

据统计，利用实习来找工作，是成功率较高的求职方式。所以，找准实习单位非常重要。那些肯定进不去的单位，或者是自己不感兴趣的岗位，尽量不要去浪费时间。而且实习的过程一定要努力，把自己的闪光点一一亮给实习单位看，在实习的时候如果发现问题，并且给出解决问题的方案，这样能够让实习单位对你产生依赖感，那就是成功的实习。

从实习单位获取就业信息，相对来说命中率高，竞争对手相对少，目标明确，针对性强，但是对个人要求比较高，短期内无法达成，需要长时间准备及规划。

通过以上的几种求职方式，加之你的个人才华和能力，相信你一定能够寻找到一个自己满意的工作。

【学以致用】

求职渠道小调查

步骤一　全班分为若干小组，每组调查几名往届毕业生的求职渠道及就业情况。

步骤二　对调查信息作出比较分析，然后在班上讨论。

步骤三　每人结合自己的情况，写出毕业后求职的首选渠道与备选渠道。

【知识拓展】

面试过程中应注意的几个问题

求职是一门学问，需要注意方方面面的问题，在面试过程中，我们往往会遇到一些问题，如何巧妙又诚恳的回答问题，成为面试官取舍的标准之一。

1. 如何客观的评价自己？

可以从以下3个方面来回答。

（1）个人优势：我叫……毕业于……我的专业优势是……性格优势是……我的工作经验或兼职经验有……

（2）具备精神：这里要体现诸如个人创新精神、团队合作意识等特点。

（3）最后陈述：对工作的期待值。

2. 如何说出面试公司产品的推荐价值和推荐过程？

（1）面试前，对应聘公司的产品要有一定了解。

（2）把自己当成消费者从质量、价格、售后服务等方面进行推荐。

3. 如何回答“你所经历的最难堪的一件事情”？

（1）无伤大雅，并且真诚讲述。

（2）概括陈词：我相信每个人都会遇到一些难堪的事情……

（3）表达时注意语言的标准性，点到为止，解决的办法一定要讲清楚。

（4）注意不要涉及个人隐私、分不清职责的事情和某人发生的争执的事情。

第二课　人生若只如初见

——求职简历

至理名言

人可以普通，不闻达，但不能失志；人可以平淡，可以轻易淹没，但内心的丰富无人可以裁决剥夺。

——梁凤莲

大智者必谦和，大善者必宽容。

——周国平

看图悟道

想一想，八戒该如何写，才能得到招聘单位的重视？

知识探究

求职简历具有投石问路的作用，能否敲开用人单位的大门，要看简历的水平，看求职者在简历中怎样表现自己。求职简历就是求职者和用人单位的“初次会晤”，一封高水平的求职简历，会使求职者顺利闯过求职的第一关；而一封水平不高的求职简历，则会使求职者失去机会。一个受到用人单位青睐的求职者，往往是那些善于表现自己，让对方感到他是最适合这一工作的人。写求职简历的目的就在于此。

一、求职简历的重要性

求职简历是招聘单位了解求职者客观情况的重要背景材料，是用来支持求职申请、证明求职者适合担任所申请的职位的重要资料。求职申请是反映求职者的主观情况和求职意向的，而简历反映求职者的客观情况。求职简历与一般的简历不同，它不是简单地记录求职者曾经做过什么，而是根据求职需要来反映个人的身份、学业、经历、工作经验和特长，以利于给招聘单位一个醒目的印象，达到进一步推销自己的目的。

二、求职简历中应体现的内容

（1）身份详情。即求职者的姓名、性别、年龄、籍贯、民族、政治面貌、健康状况、家庭与婚姻状况、主要社会关系、联系地址、邮编、电话等。

（2）学习情况。包括就读学校、专业、学习时间、主要证明人姓名、开设课程与学习成绩（应结合应聘职位突出重点和强项）、所获得的证书或职业培训的资料等。

（3）相关经历。包括实习、担任社会工作、参加社会活动等内容，尤其要突出与应聘职位有关的工作经历和工作成绩。内容要具体，证明人要落实。

（4）兴趣特长。重点是与求职相关的特长或兴趣爱好，包括专业技术特长和一般性特长，如外语、计算机、普通话、写作等。

三、写求职简历的注意事项

1. 内容简洁，提纲挈领，突出重点

简历要真实反映求职者的情况，切忌事无巨细面面俱到，要突出重点。与应聘职位有关的学习、实习、社会活动等经历要叙述清楚，对获得的荣誉和特殊成绩要特别突出。不要抒发哲理、抒发感慨，以想象夸张的写法粉饰自己，要反复修改、删除多余的内容，做到基本情况要清楚，关键内容要突出。

2. 紧扣招聘条件，扬长避短

毕业生要研究所要应聘职位的相关资料，并依此来合理安排简历，突出职位所需要的优势、特长，以引起对方重视。如准备应聘营销员职位，根据“具有实际销售经验”等职业要求在表述上把与营销相关的经历放在首位。突出自身优势，要适当回避不足，如果一开始就写自己的不足，可能会使招聘单位对你失去兴趣。对有些弱项和不足，则可放在适当之处一带而过，或使用较含糊的文字，如“相当的年龄”（因年龄不够）或“相当的学历”（因学历不够），“实践动手能力强”（因考试成绩不太理想）等。待你争取到面试机会表现出你的优势后，再涉及弱点，其负面的影响就较小。

3. 简历“包装”要美，做到别具一格

制作简历要在编排上多下工夫，字迹要规整，以打印为宜（特殊要求除外），不要出现错别字或涂改痕迹；可设计引人注目的封面；你所提供的标准照片，应能反映你的精神面貌，忌戴墨镜的照片或风景地照片。

4. 证明材料要充分，要“货真价实”

凡能证明自己能力的材料都要收集齐全，证明材料要真实可靠，注意加盖公章，材料的出处要注明，如果特别需要，可提供公证过的一些材料复印件。常见的证明材料有：成绩单、技能等级证书、获奖证书、实习或工作鉴定以及其他与求职有关的证明等。证书的编排可按年份进行，证明材料应提供复印件，原件要妥善保存。

5. 适可而止

有些求职简历虽然文笔通顺、字迹工整，但对方看起来内心总有些不悦，甚至反感。最常见的问题：一是限定时间，如“敬请某月某日前复信为胜”等，表面上看相当客气，可是客气之中却给对方限定了时间，容易引起反感；二是强迫口吻，如“盼望获得贵单位的尊重和考虑”等，好像对方如果不接收你就是不尊重你，这当然是对方难以接受的；三是以上压下，如“贵单位总经理（或某级领导）某先生要我直接写信给你”或“某长很关心我的求职问题，特让我写信找你”等，会给人一种“既然如此，何必多此一举”的感觉，你的求职简历很可能就马上进了废纸篓；四是自认为了不起，如“现有几家公司欲聘我，所以请你从速答复”，这样往往可能会激怒对方而将求职简历直接扔掉。

四、求职信和自荐书的书写格式

1. 求职信

求职信作为一种信函，也具有一般信件的书写格式。它主要由 7 个部分组成，即称谓、开头、主体、结尾、致敬语、署名和日期。

（1）称谓。即对接收并阅看信件的人的称呼。

一般来说，如果不清楚收信人，就可以直接写上“尊敬的领导”，如果要写具体的称呼，就要特别注意此人的姓名和职务，书写要准确，万万马虎不得。假如对用人单位有关人员的姓名不熟悉，那么在求职简历中可以直接称阅信人的职务头衔，如“××集团公司负责人”。

求职信的目的在于求职，因而称谓要求严肃谨慎，要有礼貌。既不能随随便便，又不能过分亲昵，以免给人以阿谀奉承、唐突之嫌。

称谓后的问候语一般应为“您好”而非“你好”，更不能用“您们好”。因为这不仅让人感觉不出你的问候，反而使他们认为你才疏学浅，连起码的常识都不懂。

（2）开头。求职信的开头应开宗明义，自报家门，直截了当地说明求职意图，使信的主旨明确、醒目，引起对方注意，如“我是×××中职学校即将毕业的学生，想在贵公司谋求一份职业”。

（3）主体。这是求职信的重点，书写形式可以多样，主要内容一般包括：姓名，学历，毕业学校，专业，求职理由和目标；重点介绍自己应聘、应征或寻求工作的条件，突出自己的重要成绩、特长、优势及适合所求职的岗位；阐述自己的敬业精神；简单介绍自己的个性。

总之，要做到告知情况，突出重点，言简意赅，具有吸引力和新鲜感，语气自然。

（4）结尾。求职信的结尾，主要是进一步强调求职的愿望，希望用人单位能给予考虑，或希望前往面谈，接受单位的进一步考察等。无论如何表述，都要注意用语恰当、得体、掌握分寸，以免造成不良印象。

（5）致敬语、署名、日期。因为是求职信，是你打开用人单位的第一把钥匙，所以更要讲究必要的礼节性的致敬语。在正文结束后，可写上一句祝福语。或在正文结束后，紧接着在下一行空两格，写上“此致”二字，后面不打标点；再在“此致”的下一行，顶格书写“敬礼”二字，后面用感叹号。同时在致敬语右下方，签署求职者的姓名及具体日期。

若是手写署名，要注意两点：一是不要过分谦恭，如写“您忠实的侍者：×××”等，把自己有意识地贬低；二是字迹工整，简单、大方最好。

求 职 信

尊敬的领导：

您好！

请恕打扰。我是一名刚刚从聊城财会学校会计电算化专业毕业的中职生。我很荣幸有机会向您呈上我的个人资料。在投身社会之际，为了找到符合自己专业和兴趣的工作，更好地发挥自己的才能，实现自己的人生价值，谨向各位领导作一自我推荐。

作为一名会计电算化专业的学生，我热爱我的专业并为其投入了巨大的热情和精力。在 3 年的学习生活中，我所学习的内容包括了从会计学的基础知识到运用等许多方面。通过对这些知识的学习，我对这一领域的相关知识有了一定程度的理解和掌握，此专业是一种工具，而利用此工具的能力是最重要的，在与课程同步进行的各种相关实践和实习中，具有一定的实际操作能力和技术。我知道计算机和网络是将来工作的工具，在学好本专业的前提下，我对计算机产生了巨大的兴趣，通过学习相关知识能熟练的操作计算机。在校期间，我已取得了会计电算化证、英语等级证、计算机等级证和会计上岗证。

我正处于人生中精力充沛的时期，我渴望在更广阔的天地里展露自己的才能，我不满足与现有的知识水平，期望在实践中得到锻炼和提高，因此我希望能够加入贵单位。我会踏踏实实地做好属于自己的一份工作，竭尽全力地在工作中取得好的成绩。我相信经过自己的勤奋和努力，一定会做出应有的贡献。

感谢您在百忙之中所给予我的关注，愿贵单位事业蒸蒸日上，屡创佳绩，祝您的事业百尺竿头，更进一步！

希望各位领导能够对我予以考虑，我热切期盼你们的回音。谢谢！

此致

敬礼！

求职人：×××谨上

2012 年 3 月 18 日

2. 个人简历

个人简历是将个人的情况用最简练的文字展现在招聘者面前，让用人单位对求职者有一个简要、清晰的总体了解，一份优秀的简历会成为就业的助推器。个人简历有表格式、提纲式和个性化式（如名片式和视频式）3 种，常用的有表格式和提纲式，表格式个人简历如下所示。

个 人 简 历

<table>
<tr><td>求职意向</td><td colspan="6">计算机及电子商务相关职业</td></tr>
<tr><td>姓名</td><td>×××</td><td>性别</td><td>男</td><td>出生年月</td><td>1993 年 10 月 1 日</td><td rowspan="4">照片</td></tr>
<tr><td>籍贯</td><td>厦门</td><td>民族</td><td>汉</td><td>政治面貌</td><td>团员</td></tr>
<tr><td>毕业院校</td><td colspan="3">厦门××职业学校</td><td>所学专业</td><td>电子商务</td></tr>
<tr><td>家庭住址</td><td colspan="4">厦门西城区××大街 1 号</td><td>邮编 351000</td></tr>
<tr><td>联系电话</td><td colspan="3">1390★★★★★★★</td><td>E-mail</td><td colspan="2">×××@sohu. com</td></tr>
<tr><td rowspan="3">教育背景</td><td colspan="3">1999. 09—2005. 06</td><td colspan="3">厦门城区××小学学习</td></tr>
<tr><td colspan="3">2005. 09—2008. 07</td><td colspan="3">厦门城区××中学</td></tr>
<tr><td colspan="3">2008. 09—2011. 07</td><td colspan="3">厦门××职业学校</td></tr>
<tr><td>主修课程</td><td colspan="6">数据库基础（Access）、网页设计、多媒体（Adobe Photoshop & 3D max）、电子商务概论、电子商务法规、电子商务网站建设与实践、计算机网络技术、电脑组装与维护、计算机操作基础、物流学概论、会计学基础、统计学原理、经济学原理、网络营销等。</td></tr>
<tr><td rowspan="5">证书及获奖情况</td><td colspan="6">2009 年获校“三好学生”。</td></tr>
<tr><td colspan="6">2010 年取得助理电子商务师职业资格证书。</td></tr>
<tr><td colspan="6">2010 年取得计算机二级证书。</td></tr>
<tr><td colspan="6">2010 年获校“优秀学生干部”。</td></tr>
<tr><td colspan="6">2011 年获一等奖学金。</td></tr>
<tr><td rowspan="2">社会实践</td><td colspan="6">2010 年 2 月在厦门东城统计局参与全国第一次经济普查工作。</td></tr>
<tr><td colspan="6">2010 年 8 月利用课余时间在大中电器连锁公司做临时手机促销员。</td></tr>
<tr><td>自我评价</td><td colspan="6">性格开朗、爱好广泛、做事踏实、积极主动、能吃苦耐劳、自觉自律、待人真诚、善于与他人相处、有很强的责任感和事业心。</td></tr>
</table>

3. 自荐书

自荐书是自我推荐的信。它与求职信不同，求职信“求”的目标明确，即已知招聘单位和招聘的具体岗位；而自荐书是暂无具体的目标，适用于在人才招聘会使用。

（1）自荐书内容和书写方法大致与求职信相同，不同的是首段没有具体单位和岗位。

（2）自荐书书写时应注意把握好自我介绍的量和度，要实事求是，恰如其分，切忌夸夸其谈、自我炫耀；也不要过于谦虚，缺乏自信；要突出重点，展示风采。书写态度要诚恳、热情，体现积极和进取风貌。

自　荐　书

尊敬的招聘主管：

您好！

我是××中职学校市场营销专业的学生，愿将所积累的学识贡献给贵单位，并尽最大所能为贵公司的进步与发展贡献自己的全部力量。

我深知，“机遇只垂青于有准备的头脑”。在校期间，我抓住一切机会学习各方面知识，锤炼自己各方面的能力，使自己朝着现代社会所需要的具有创新精神的复合型人才发展。我的英语水平达到公共英语三级，计算机通过国家等级考试二级，并连续两年获得奖学金。在努力学习专业知识的同时，我还广泛涉猎了法律、文学等领域的知识。

“在工作中学会工作，在学习中学会学习”。作为一名校学生会干部，我更注重自己能力的培养。乐观、执著、拼搏是我的航标，在险滩处扯起希望的风帆，在激流中凸显勇敢的性格，是我的人生信条。由我创意并组织的学校“首届金秋文化节”活动得到了老师和同学们的认可，使我以更饱满的热情投入到新的挑战之中，向着更高的目标冲击。为了更全面地锤炼自己的能力，我利用假期先后在地方工厂、企事业单位进行了社会实践，我的实习论文被评为“优秀实习论文”。这些经历为我走入社会，参与商业经营运作奠定了良好的基础。通过社会实践，我还从中学到了如何与人相处。

在即将走上社会岗位的时候，我毛遂自荐，企盼着以满腔的真诚和热情加入贵公司。

此致

敬礼！

自荐人：×××

2011 年 12 月 16 日

4. 毕业生推荐表

毕业生推荐表是证明持表人应届毕业生身份的重要材料。它是由毕业生填写，学校审核并签章的权威性书面就业材料，每位毕生仅一份。这份材料在求职过程中，用人单位是必看的，因此应认真对待。

（1）填写注意事项。

①字迹整洁。填写时要用黑色钢笔或黑色水性笔，不可用圆珠笔或其他颜色的笔来填写。字迹要工整，切忌涂改。填写表格文字大小一致，在栏中排列用居中靠下。

②内容翔实。个人的能力、水平、身高、视力、获奖、表现情况等一定要如实填写。隐瞒或弄虚作假，不但将失去就业机会，同时也失去了做人的诚信。

③相片要求。推荐表上需贴有一寸头像相片，要求是近期的照片。建议用穿职业装且能展现青春朝气、稳重自信的照片为宜。

④填写完整后交给学校审核盖章，以示权威。

（2）推荐表的使用。推荐表每人仅一份，原件要妥善保管好；求职时先用复印件，原件和复印件都不可折皱、弄脏。

【学以致用】

填写我的简历

<table>
<tr><td>求职意向</td><td colspan="6"></td></tr>
<tr><td>姓名</td><td></td><td>性别</td><td></td><td>出生年月</td><td></td><td rowspan="4">照片</td></tr>
<tr><td>籍贯</td><td></td><td>民族</td><td></td><td>政治面貌</td><td></td></tr>
<tr><td>毕业院校</td><td colspan="3"></td><td>所学专业</td><td></td></tr>
<tr><td>家庭住址</td><td colspan="5"></td></tr>
<tr><td>联系电话</td><td colspan="3"></td><td>E-mail</td><td colspan="2"></td></tr>
<tr><td>教育背景</td><td colspan="6"></td></tr>
<tr><td>主修课程</td><td colspan="6"></td></tr>
<tr><td>证书及获奖情况</td><td colspan="6"></td></tr>
</table>

续表

社会实践	
自我评价	

【知识拓展】

优秀求职简历的几个必备要素

1. 定位

在撰写简历之前，首先要确定简历的阅读对象是谁，是人事部经理或者是部门经理，还是老板。然后根据不同的阅读对象来撰写简历。

2. 举证

以往的工作经历，最好是用数据表现出来。只有数据才能给人以直观、信服的感觉，只有数据才最有说服力。

3. 突出特色

只有与众不同的简历才能引起用人单位的注意。简历要充满激情和勇气，让用人单位感觉到希望和生机。

4. 职业化

在简历中一定要反映出自己的职业特点。

5. 整洁、美观

用人单位可以通过一份简历的书写和样式来判断应聘者的性格特点，所以，简历不需要多么复杂，但一定要整洁、美观。

第三课　世事洞明皆学问

——面试技巧

【至理名言】

成功之难如升天，覆坠之易如燎毛。

——柳　仳

谬误有多种多样，而正确却只有一种，这就是为什么失败容易成功难、脱靶容易中靶难的缘故。

——亚里士多德

【看图悟道】

你认为面试时什么样的穿着才比较得体？________________________________

____

____

知识探究

一、面试前的准备

1. 搜集信息

面试前，需要对搜集到的就业信息进行必要的调查了解，选出有使用价值的重点就业信息，对重点就业信息中用人单位的情况作出全面了解，弄清这个单位的性质是国有企业、民营企业、三资企业还是事业单位等；是大型企业、中型企业还是小型企业；是在初创阶段、发展阶段、鼎盛阶段还是衰退阶段，其内部的管理体制、工作地点、工作环境、工资待遇、住宿条件、交通状况如何等。面试前我们不仅要总结自己各方面情况，还要了解用人单位的基本情况迎接面试的挑战，“知己知彼”才能“百战不殆”。

2. 模拟问答

（1）为什么选择到本公司来应聘？

这是所有应征者必先遇到的问题，这需要应聘者提前做好准备，对该公司的信息、基本情况进行调查和总结，以积极、正面的答案回答，通常较易博得好感。尚无工作经验的人可坦诚地表达应征的动机与目的。

（2）有什么样的工作经历？

应征者回答时，不只需指出何年何事，更要向招聘主管具体说明相关的工作内容与专业技术。此外，在填写履历表时，可以附带注明资格考试的证书或执照。

（3）对工作有什么目标和期望值？

用人单位很看重有目标的人，对工作拥有具体期望与目标的人，通常成长较快。应征者针对这类问题可以回答：“我的目标是……为了达到这个目标，必须努力充实自己……而我拥有这样的自信。”或“这是我从小到大的理想……”。

（4）为什么对这份工作感兴趣？

无工作经验的人可以针对自己被这份工作吸引，以及关心的地方回答，如“交通方便”或“工作性质适合自己”之类。有工作经验者倘若能提出这份工作与众不同之处，招聘主管多会极感兴趣的。

（5）你对工作有哪些成功或失败的经验？

谈成功经验应叙述实际成果，并借此凸显个人经验与自信，即使很小的成功经验也无妨，并积极陈述个人工作态度。谈失败经验，与其轻轻带过，不如陈述如何克服难题及获得哪些经验。

（6）出于何种动机选择这份工作？

这类问题多针对无经验者，以了解其对工作的理解度，确认求职者只是怀抱憧憬或基于兴趣应征。求职者从对工作的研究与个人兴趣的角度，加以发挥。

（7）你认为这份工作的前景如何？

主要是了解求职者对产业现况的理解及展望，针对无经验者则探其投入意愿与关心度，不需有太独特的见解，只需表达正确的意见。如果是同业的求职者，不仅需要掌握业界的方向，而且需要加入个人见解。

（8）评价一下你自己。

这是招聘单位为了解求职者如何客观分析自己，并测试其表达与组织能力。除个人说法外，加上亲友的观点可增加说服力，应避免抽象的陈述，而以具体的体验及自我反省为主，使内容更具吸引力。

（9）你期望的待遇是什么？

针对待遇问题以清楚、明确的答复为最佳，“依公司规定”可视为缺乏自信而非谦虚。客观归纳个人年龄、经验、能力，再依产业类别、公司规模等客观资料，提出合理的数字，而附带说明提高待遇的理由是必要的。

3. 准备必需品

准备必需品如表4－2所示，准备好后请在“检查栏”中画“√”。

▼表4－2　面试前需准备的物品

检查栏	物　品
	履历表、自传、正式照片、作品、执照或证明文件等
	面试的地址、电话
	地图、公车指南
	笔记本、纸、笔
	零钱

二、面试的技巧与方法

1. 应试者的基本礼仪

（1）切忌迟到。迟到是面试的第一大忌。一般可以提前5～10min到达面试地点，以表示求职的诚意，给对方以信任感，同时也可调整自己的心态，做一些简单的仪表准备，以免仓促上阵，手忙脚乱。

（2）调整心态。如门关着，应先敲门得到允许后再进去。开关门的动作要轻，以从容、自然为好。见面时要向招聘者主动打招呼问好致意，称呼应当得体。在主试人没有请你坐下时，切勿急于落座。主试人请你坐下时，应道声“谢谢”。

（3）认真聆听、积极作答。对方给你介绍情况时要认真聆听，为了表示你已听懂并感兴趣，可以在适当的时候点头或适当提问、答话。回答主试者的问题时，口齿要清晰，声音要适度。设问答话要简练、完整，尽量不要用简称、方言、土语和口头语，以免对方听不懂。

（4）面带微笑，保持自信。脸上带着愉快轻松和真诚的微笑会使你处处受欢迎，因为微笑使你显得和和气气，而每个人都乐于与和气、快乐的人一起共事，你应该表现出热情，但不要表现得太过分。

2. 面试中语言的运用

面试场上语言表达艺术标志着你的成熟程度和综合素养。对求职应试者来说，掌握语言表达的技巧无疑是重要的，因此，在面试中应恰当地运用谈话的技巧。

（1）口齿清晰，语言流利，文雅得体。

（2）语气平和，语调恰当，音量适中。

（3）语言含蓄、机智、幽默。

（4）注意听者的反应。

考官：你对电脑懂多少？

应聘者：嗯，那要看是哪一种电脑了。一般的超次掌上型矽单晶片时脉输出电脑（电子表）比较简单，我小学时常常使用它的解译编码作业流程（上闹铃）。至于多功能虚拟实境模拟器（游戏机）就复杂得多，不过我曾经完整测试过许多静态资料储存单体（游戏卡带）。长大后我对复频道超高频无线多媒体接收仪器（电视）开始产生兴趣，每天晚上都会追踪特定频道的资料（黄金档电视剧）。

考官：很好，明天开始上班。公司为你配的“宝马”在地下一楼，附车位，这是钥匙……

面试者灵活地运用将简单问题复杂化的语言技巧，充分展示他对电脑的熟悉程度。恰当地运用谈话技巧，往往会使面试取得良好的效果。

3. 回答问题的技巧

（1）把握重点，简明扼要。面试时间有限，神经有些紧张，如果多余的话太多，容易走题，反而会将主题冲淡或漏掉。

（2）具体问题，具体对待。主试人提问总是想了解一些应试者的具体情况，切不可简单地仅以“是”、“否”作答。针对所提问题的不同，有的需要解释原因，有的需要说明程度。不讲原委、过于抽象的回答，往往不能给主试人留下好的印象。

（3）把握重点，条理清晰。面试中，如果对主试人提出的问题一时摸不着边际，以至于不知从何答起或难以理解对方问题的含义时，可要求将问题复述一遍，并先谈自己对这一问题的理解，请教对方以确认内容。对不太明确的问题，一定要问清楚。这样才会有的放矢，不致南辕北辙、答非所问。

（4）有主见。主试人接待应试者若干批，因此，主试人会有乏味、枯燥之感。只有具有独到的个人见地和个人特点的回答，才会引起对方的兴趣和注意。

（5）切忌牵强附会、不懂装懂。面试时常常会遇到一些不懂的问题，有些应聘者害怕说不懂会降低自己在用人单位心中的地位，所以往往会牵强附会、不懂装懂，这反而会引起用人单位的反感。诚恳坦率地承认自己的不足之处，反倒会赢得主试人的信任和好感。

面试交谈中难免会因紧张而出现失误。此时，切不可因一时失误而丧气。要记住，一次失误不等于面试的失败，重要的是要战胜自己，不要轻易地放弃机会。即使这次面试没有成功，也要分析原因，总结经验，以新的姿态迎接下一次面试。

面试交谈中，应随时注意听者的反应。比如，听者心不在焉，可能表示他对自己这段话没有兴趣，你得设法转移话题；侧耳倾听可能说明自己声音太小难以听清；皱眉、摆头可能说明自己的语言有不当之处。根据对方的这些反应，就要适当调整自己的语言、语气、语调、声音、修辞，包括陈述内容，这样才能取得良好的面试效果。

三、面试禁忌

在求职面试时，求职者少不了要介绍自己，并问一些必须要知道的问题。面试是决定是否被录用的第一步，如果在回答面试考官的问题时不注意一些技巧与方法，就极有可能以失败告终。以下是几种不合适的乱开“金口”的表现。

1. 缺乏自信

有的应聘者唯唯诺诺，眼神飘忽，或是问一些很不专业的问题，将自己内心的胆怯暴露无遗。例如，“你们要招几个人?”这种问话明显缺乏自信心，对自己的竞争力表现不足，缺乏竞争实力。“你们要不要女性?”女性也有竞争力，这样的问话就露出了怯意，缺乏自信，还没有面试，就先自怕了，此时，面试的考官就可以顺水推舟，予以回绝。你若是来一番巧妙的陈词或自我介绍，以此打动考官，反倒会让用人单位认真考虑。

2. 开始就问待遇问题

有些应聘者尚未面试之前，就对待问题紧抓不放，如“你们的待遇怎样?”“一个月能给我多少钱?”“有没有休假日？一个月休息几天?”这些问题不是不能问，而是要找机会问，要选择时机，不能一开口就这样问。否则，招聘单位就会认为，我们还没有了解你，还不知道你有多大的能力与水平，能给我们创造多少利润，就要问多少钱一个月？还没有决定是否要录用你，就提这么多的条件，我们怎么敢用你？所以干脆不要你。

3. 不恰当的反问

有些应聘者没有面试经验，常常会对用人单位的问题进行反问，引起对方的不悦。例如，招聘人员问你：“你期望的工资有多少?”有的求职者心里没有底，于是反问：“你们能给我多少?”这样问，显得很不礼貌，就像市场上购物时的讨价还价，会引起招聘人员的不快。在面试之前，应该先在人才市场上了解一下，某种职位的工作当前的工资大致是多少，做到心中有数，要价不能太高，也不要过低。

四、应对笔试

在招聘的过程中，笔试也是很重要的一个环节。笔试是指用人单位以书面形式进行考核的一种形式，其主要目的是考查应聘者是否具备招聘岗位所需的知识和技能。

1. 求职笔试的种类

(1) 专业考试。对于有一些专业性要求比较高的岗位，需要通过笔试的方式再次对毕业生的专业水平进行重点考核。例如，外贸外资企业招聘职员要考外语水平，医院招聘护士要考护理专业知识，食品检验员要考食品检验、化验知识等。

(2) 心理测试。心理测试是特殊职业对某些心理特征有一定的要求，对招聘人员进行心理素质的测试。一般用事先编制好的标准化问卷对应试者进行考核，根据完成的数量和质量来判定其心理水平或个性差异的方法。主要考核应试者的态度、兴趣、动机、智力、个性等心理素质。有些用人单位还对应试者进行智商测试，智商测试的目的主要是考查应试者观察问题的能力、综合分析能力和思维反应能力。

(3) 技能测试。技能测试主要是考核应试者能否熟练操作和使用招聘岗位所要使用的设备等方面的能力。

2. 笔试前的准备

(1) 知识准备。毕业生在校期间应努力学习，掌握专业知识和技能，不能指望“临时抱佛脚”，靠猜题押宝取胜。注意多方面的知识积累，多了解社会新技术、新信息，了解专业行情和应聘岗位应具备的知识。

(2) 保持良好的心理状态。求职笔试虽然不同于高考，但它是用人单位挑选招聘人选的重要参考。参加笔试，需要良好的心理素质。临考前，要树立信心，调整好心理状态，保持充足的睡眠和良好的情绪，以充沛的精力去参加考试。

3. 应对笔试的方法和技巧

(1) 增强自信心。缺乏自信心往往会导致笔试怯场。应聘笔试与高考不同，高考是“一锤定音”，而求职考试万一失败还可能会有多次机会。考试前适度放松心情，克服自卑心理，增强自信心，以最好的精神状态去应试。

(2) 掌握答卷技巧。要合理安排答题时间，拿到考卷先预览题目，了解题目数量和难易程度，以便掌握答题的速度和顺序。审题要认真，注意不偏题、不漏题。答题卡和数目要一一对应清楚，避免错题。应聘特殊性岗位的考试要按特殊要求答题，例如，一些需要细致、严谨作风的岗位，招聘单位主要关注应试者是否具有认真、细致的作风等；对应具备创新意识的岗位，用人单位则关注的是答题的创新意识和开拓意识。如果若遇到这种情况，应试者在深思熟虑后可大胆答题。

某知名企业招聘经理秘书，求职信和简历雪片般飞来，而该经理对性别、相貌，甚至外语都没有特别的要求，他只要求秘书做人和做事都是个能够令人信赖的人。

在对简历进行了初步的筛选之后，通知了15位候选人来面试。面试约定在上午10点钟，其实在面试前还安排了笔试，但并没有在电话中提醒应试者。笔试也没有设监考人员，由应试者自行答题。

结果，有5位没有带笔的应试者首先被淘汰出局。公司在笔试考场入口处准备了签到表，由各人签上自己的名字和到达的时间，旁边仍然无人监督。结果有3人因签了与实际情况不符的虚假到达时间而被淘汰，2人因迟到被淘汰，还有2人因在考试期间跟外界通电话被淘汰。余下的3人，考官仔细阅读了他们的试卷和求职的资料。一人试卷答得不错，字体棱角分明，但卷面不够干净；一人试卷答得不理想，但所带来的以前写的作品不错；最后一人试卷答得中规中矩，字体俊秀，虽然没有带来以前发表的作品，但在答题时十分有条理。

最终公司选择了最后的那个应试者。后来的事实表明公司没有看错人，他的工作得到了经理的好评。

面试时考察的不仅仅是你对专业知识的掌握，更多的是你在日常生活中养成的良好习惯，而这些习惯都会成为你成功就业的法宝。

【学以致用】

模拟面试

步骤一　将教室设计为面试间，由教师组成面试考官组。

步骤二　设置不同的岗位，面试考官根据不同的岗位提问考生。

步骤三　根据考生面试的表现评分。

步骤四　学生根据面试时自己的表现，总结不足之处，以备今后改正。

【知识拓展】

如何应对电话

随着科技日新月异的发展，求职途径也越来越多元化，越来越丰富。当我们获得招聘信息时，也许会通过电话与用人单位进行初次会晤。所谓“未见其人先闻其声”。学会如何打电话是每一个即将走向工作岗位的人应该具备的技能。

场景一：与用人单位的“初次会晤”

某人下午5点多在报摊上买了份招聘类报纸，查阅到了一个心仪职位。为在第一时间与招聘方联系，就立刻拨通了对方电话：“喂，请问是××公司吗？我看了报纸，想来应聘……”还没等她说完，对方就表示人力资源部负责人正在开会，且下班时间快到没时间细聊，但还是记下了她的手机号码，表示第二天会联系她。

这位求职者没有在合适的时间找到合适的人，主动致电变为了被动等候，是一次很失败的电话应聘。正确的电话应聘应该注意以下几点。

（1）时间。上午9：30～11：00以及下午1：30～4：30之间较为合适。

（2）负责人。招聘信息上一般都会注明联系人，拨打电话后一定要准确地说出负责人，避免转接或误接，防止给人留下糊涂的印象。

（3）保持通话的畅通。有时候，求职者尚未做好充足的准备，未选择安静、信号好的环境，便急急忙忙打电话过去问，一旦用人单位提出一些问题便支支吾吾，答非所问，给用人单位留下了不好的印象。

(4) 逻辑清晰。在拨打电话之前，要理清自己的思路，将自己的个人情况准确无误地表达出来，与用人单位的通话思路清晰，给人留下美好的印象。

场景二：应对招聘公司的“突然袭击”

某人正逛街，突然接到某公司的电话面试。此时周围有商场背景音乐和人群的嘈杂声，对面试不利。于是该求职者非常礼貌地告诉对方：“不好意思，我正在外面，环境比较吵闹，是否能过10分钟给您打回去?”对方应允，并留下电话。

很多企业在收到简历后，为节约时间，会先通过电话面试做初步筛选。电话面试会准备几个目的性问题，用以核实求职者的背景，考察求职者的语言表达能力。通话时间一般在15~20min。不管企业是否有电话面试环节，为获取胜率，求职者最好还是做好充分准备以备不时之需，这样当突然接到来电时就可顺畅对话。若接电话时正好有事或不方便，上面这位求职者的做法值得借鉴，同时也可利用“时间差”来理清思路。此外，电话面试还应做好以下几点。

(1) 在手边准备纸和笔。电话中，招聘人员会说明公司的详细地址，所以必须用到纸、笔来记清楚。有时公司会出一些小技术题或逻辑题请应聘方回答，手边有纸、笔可方便记录和计算。

(2) 注意语速。人的语速有很大差别，注意尽量配合面试官的语速。若面试考官的语速相对较慢，你就该放弃一贯快速的说话方式，转为和对方语速同步。同时注意不要抢话，要等对方提问完毕后才回答。另外，回答时不要滔滔不绝，也不能只答“是”或“好”。

(3) 控制语气语调。在通话时要态度谦虚、语调温和，语言简洁、口齿清晰，并且语气、态度也应该配合对方，这样有利于双方愉快地交流。

你现在的心情如何？
如何调整现在的心态？

第五篇

绝知此事要躬行
——就业指导

第一课 胜似闲庭信步

——心理素质

【至理名言】

要想获得成功，应当以恒心为友，以经验为顾问，以耐心为兄弟，以希望为守护者。

——爱默生

博观而约取，厚积而薄发。

——苏　轼

【看图悟道】

如果你是唐僧，你会跟猪八戒说些什么？______________________________

____

____

【知识探究】

一、求职过程容易出现的心理障碍

毕业生就业是人生道路的第一次重要选择，每一位面临毕业的同学都希望能找到一份适合自己且能展现才华的好工作。不少人由于期望值高，经验又不足，因此心理压力大。特别是遇到困难和挫折后容易一蹶不振，从此对就业失去信心。因此，学习如何合理定位，保持良好的就业心态对毕业生尤为重要。

从生活实际来说，求职是谋生的手段，是自食其力的开始。对毕业生而言，求职是一种机遇，能得到一份理想的工作，可以改变生活，实现自己的人生梦想。求职也是一种挑战，是在激烈的竞争中对个人能力、意志、心理素质的锻炼和检验。

1. 焦虑心理

焦虑是由内心紧张、心理冲突引起的一种复杂情绪的反应。毕业生在求职过程中，出现这种焦虑心理主要原因是理想与现实的差距。求职过程可能出现：现实就业形势与期望值落差太大，工作环境与想象差别较大，工作难度比预计的要大，在工作中发挥不了自己的专长等情形。这时容易紧张、烦躁、心神不定、忧心忡忡，有的甚至患上神经衰弱。

2. 急躁心理

毕业生都希望尽早确定去向，当其他同学已确定就业单位而自己却还在苦苦寻找时，心里就会出现急躁不安。尤其在即将离校前夕，这种急躁更加明显。有的同学因此无法安心做好毕业考试复习；有的同学烦躁不安，常因小事发脾气，甚至引发矛盾；有的同学存在随随便便找一个单位，工作一两个月就跳槽的想法。

3. 自卑心理

自卑是个体由于生理或心理的某些缺陷及其他原因而产生的不自信和轻视自己的心理，认为自己在某些方面不如他人。自卑是影响就业的严重心理障碍，直接影响就业的顺利与否。产生这种心理的原因主要是：自我认识不足；期望值过低；第一次就业受挫；个人“硬件”不足（身高、相貌、沟通能力、社会关系等方面较弱）；个人性格内向等。毕业生的自卑心理会造成就业信心不足，就业不积极，面试成功率不高的结果，屡次失败会更加自卑。

4. 妒忌心理

人总有一种要求成功的愿望，有一种超越别人的冲动，这本是正常的，但是有些人在成功不了或超越不能的时候，产生了一种由羞愧、愤怒、怨恨等构成的复杂情感，这就是妒忌。引起这种心理的主要原因是：水平相当的好友找到理想工作；同学就业顺利而自己受挫折；工作相当或你更努力而提升的却不是你等。妒忌心理出现后会产生妒忌行为，如中伤他人；诋毁别人；想方设法贬低、讽刺、挖苦别人；自己工作不舒心等现象。妒忌是一种有害的心理，应该克服并摆脱它。

5. 恐惧、怯懦心理

恐惧主要是怕失败，一旦第一次求职遭遇挫折，受到刺激，就会产生恐惧，随之形成条件反射，一提求职就害怕。怯懦是胆小的一种，求职面试时面红耳赤、说话语无伦次、答非所问，即便事先准备好的内容也忘得一干二净。

6. 骄傲心理

骄傲心理与自卑相反，一部分人在求职时过高地评估自己，认为哪方面都优秀，傲气十足。还有的人在求职中不切实际，挑三拣四，大事做不成，小事不愿做。这种心理常常会失去合适的就业机会。

小陈是某中职学校的学生，在校期间成绩在班上名列前茅。临近毕业求职时，他总认为自己比别人要高出许多，找工作总是好高骛远，结果毕业后许多同学都如愿以偿地找到了工作，而他还在寻找自己"合适"的工作。一次他去面试，与用人单位代表面谈时自我感觉良好。一番高谈阔论以后，当对方问他是否能胜任主管的工作时，他竟毫不谦虚地说："凭我的能力，肯定没问题。"结果被用人单位毫不犹豫地拒之门外。

小陈的失败是典型的自负心理造成的。自负在心理学上指过高地估计个人的能力，从而失去自知之明。在这种心理的支配下，不少毕业生在求职择业过程中，总是自以为是；自负自傲，自以为自己什么都懂，什么都会，夸夸其谈，结果留给用人单位的是浮躁、不踏实、不谦虚的印象。

二、锻造健康的求职心理素质

1. 建立自信

自信是求职成功的心理基石，自信是推荐自我的动力。建立自信，第一，要正确认识自我，多看到自己的长处和优势。不要因为学历低而产生自卑，不要对自身的素质和就业竞争能力评价太低而不敢主动推销自己、不敢参与竞争、陷入不战自败的困境之中。第二，不要把求职看得过于神秘，应主动了解就业形势，认真学习就业技巧，总结经验及时改正错误行为。第三，多参加活动，在活动中积极展现个人风采，增强自信心。第四，求职前做好充分准备，面试时通过心理暗示消除紧张。

2. 正确定位

毕业生求职前一定要全面认识自己，正确评估自我的能力和特性。及时了解当前就业形势和本专业的就业行情，认真进行职业生涯规划，特别是求职和就业初期的规划。树立正确的就业观，不要有过高的期望值，不能把待遇是否丰厚、住房是否宽敞、是否在城市等物质条件看得过重。在正确定位的同时，应着眼于锻炼自我，着眼于未来发展，积极地去就业。

一个年轻人对自己久不被重用感到很不解，就慕名去拜访一位很有名的经理，请他指点迷津。经理问年轻人道："你在工作上对自己是如何定位的？"

"我父亲告诉我，做人不能太露锋芒。我认为很有道理。所以在公司里我处处忍让。"年轻人说。

听了他的话，经理没有言语，领着年轻人坐上快艇，然后发动小油门慢慢前行。和他们同时启动的一艘快艇加大马力，似流星般划到他们前面；晚于他们启动的大游船也很快超过了他们，就连一叶双人小扁舟也走在了他们面前……

一艘大游船赶了上了，船主对他们说："你们的快艇连个小木舟都不如，报废吧。"

经理扭头笑问年轻人："你说我们的快艇究竟如何？"

"因为他们不知你没开足马力。"年轻人答道。

"是啊，其实人又何尝不是这样呢？你再有才华，但你不显露，别人不知道，怎么会看重你呢？即使你的能力有人知道，但见你畏畏缩缩，人家又怎敢重用你呢？如此，你又怎能快速到达理想的彼岸呢？"

年轻人听了，顿然醒悟，开始在工作中积极表现自己，很快就被提升为了部门经理。

快艇的优势就在于速度，如果连速度都掩饰起来，那意义又何在呢？在工作中我们不可定位过高，但也不可过低的定位，只有恰当的定位才能使自己的能力在工作中得到尽情展现。

3. 克服怯懦，消除紧张

怯懦和紧张心理直接影响到求职中的面试成效。用人单位组织面试不仅是为了了解求职者的知识、人品，更重要的是通过面对面的交谈来测试求职者的应变能力、沟通能力。求职者由于怯懦和紧张，往往在面试中出现信心不足、举止拘束、语无伦次、答非所问等现象，使招聘者对求职者的稳定性和能力产生怀疑，因而失去机会。

克服怯懦，消除紧张的方法有以下三点。

一是学会自我调整。不要把面试看得过于神秘、可怕，不要计较别人对你的看法和评论。

二是加强自我训练。面试前可请老师和同学充当招聘者，进行模拟面试，训练胆量，掌握面试技巧。平时要注意扩大知识面，积极参加各种活动，多与他人交往，以提高沟通能力。

三是注意临场心理调试。面试时要尽可能地提前到达考场，以便有足够的时间来稳定情绪，同时还可以用深呼吸法、激励法来调整紧张和羞怯心理，并不断暗示自己"我一定能行"。进入面试考场时，不必惊慌，主动微笑问好。面试中听清问题，冷静思考，认真回答。

山顶上，狼吃了一只羊，恰好被狐狸看见了，它扯开嗓子大喊起来。本来它要喊的是："羊被狼吃了！"但发生了口误，喊成了："狼被羊吃了！"风儿把狐狸的话吹遍了山林。

羊群听到喊声，精神大振。它们说："不知哪位同胞给我们羊出了气、争了光，看来狼并不可怕！我们还等什么？冲上去，找狼算总账！"羊群潮水般地向狼群发起了攻击。

同时，狼群也听到了狐狸的喊声，它们一起愣住了："这是真的吗？如果是真的，那也太可怕了！如果不是真的，狐狸为什么说得如此肯定呢？"

就在它们六神无主的时候，大批红了眼的羊群到狼群跟前。狼群惊慌失措，撒腿四处奔逃。

山林中奇特的游戏很快结束了，羊和狼后来也知道了真相。它们分别谈了自己的感想。

羊说："胜利的消息无疑会激励斗志，即使这个消息并不确切。否则，我们怎么会向狼发动攻击并取得胜利呢？"

狼说："我们过于相信自己的耳朵，否则，我们怎么会蒙受如此奇耻大辱？"

一个人的能力首先取决于他相信自己有多大的能力。所谓：两军相遇，勇者胜。当以弱敌强或形势迷离多变时，"相信自己能赢"往往是创造成功乃至奇迹的关键因素。

三、调整角色适应社会

毕业生完成学业，跨出校门，迈向社会，走上工作岗位，这是人生道路上的一个重要转折。如何适应转折，顺利完成角色的转换，是所有毕业生必须面对的问题。

刚刚迈入社会的毕业生，告别了单纯、清静的校园生活，进入一个完全陌生的环境，常常会出现许多不适，面临角色的转换，会产生很多心理问题，主要表现在以下几个方面。

（1）理想与现实差距的矛盾心理。毕业生在迈入社会之前，心里充满着对未来的憧憬。但走上工作岗位后，发现现实与理想存在一定差距，如理想的职业与现实工作岗位不同、职业生涯规划与现实差异较大等。这种情况下毕业生往往就会从理想的巅峰跌入谷底，于是引发了灰心丧气、情绪低落、焦虑不安的心理，从而失去进取心。

（2）人际关系和独立生活的压力。毕业生刚刚走向社会，还无法马上脱离学生的身份，仍然在一定程度上依恋老师和家长的呵护。进入人际关系复杂的社会，在观察问题、分析问题、处理问题时还是习惯以学生心态和角色进行，在遇到困难和挫折时，会立即产生不满、委屈、失望，特别是性格内向的同学，如不及时调整就会产生焦虑、浮躁等心理不适。有些毕业生在异地就业，远离家人，一切生活需靠自己料理。由于独立生活能力差，出现种种压力是难免的，特别是在工作和生活条件艰苦、孤独寂寞、头痛脑热、受到挫折、周末假日空闲时，就会更加思念家乡、思念父母，于是伤心落泪、忧心如焚，甚至打起了退堂鼓。

小玲是 2011 年毕业的中职学生，进入工作岗位后，她常常觉得孤独，她觉得工作和学校的生活截然不同，所以一时间她还不能适应，给家人打电话的时候，也常常流露出委屈、失望。

小玲的这种情况很有代表性，刚刚进入工作岗位，角色转换会让许多人有些不知所措，这就要求在校学生要适时地参加一些训练，为未来走上工作岗位打好坚实的基础，调整好自己的心理，对自己有一个正确的角色定位。

（3）学校教育与现实的心理矛盾。学生在学校接受的都是健康、正面的教育，常常以理想的思维方式看待社会、看待人生。一旦置身于社会之中，对一些不良现象和社会消极面产生困惑、疑问时，就难以使自己的思维结果与社会现实相协调。不少人在求职中发现社会远比想象得复杂，要赢得期待的工作并非靠自己的实力就行，家庭背景、社会关系往往也是重要砝码，无此关系的毕业生在屡屡受挫的情况下就会产生对社会的不满情绪，甚至产生消极悲观的情绪；有的毕业生自认为接受过系统的专业学习，把工作理论化、理想化，到了单位发现企业管理中有某些不足或有的工作程序、流程与理论有差异，就无法理解、无法适应，由此产生了怀疑知识的力量、怀疑企业管理能力等矛盾心理。

面对这些心理问题，毕业生应尽量避免并克服，做好步入社会的角色转换，适应社会。

1. 立足新岗位，树立新意识

毕业生步入社会，要做好角色转换，要适应工作，适应社会，首先要树立新的角色意识。新角色意识的具体内容主要有独立意识、责任意识和团队协作意识。

2. 经受考验，安心工作

毕业生刚刚步入社会，走上工作岗位，身心都要接受锤炼。在学校过惯了教室、食堂、宿舍“三点一线”的轻松生活。工作后打破了这种平稳的规律，从时间上说，在校每天只6个小时上课，其余时间自我分配，但上班至少8个小时，因此，精力和耐力都要经受考验；从体力上讲，上课是坐着，体力消耗相对较少，而工作就不同了，身体也要经受考验。另外，工作后成为“职业人”而不再是“学生”，因此，行为、语言、交往等都要负应有的责任，应经受身份改变的考验，诸如此类的问题都需要毕业生很好地去面对。那么毕业生如何才能经受得住考验？第一，要摒弃依赖思想，改“学生”角色为“职业人”的角色，尽快独立生活，独立思考和处理问题；第二，应克服困难，以积极心态投入工作，工作态度很关键，它直接影响着你的行为，有畏惧心理就无法战胜困难；第三，就是就业后毕业生要安心工作，在工作中寻求乐趣。有些毕业生老是“人在曹营心在汉”、“一山遥望一山高”，不安心工作，频频“跳槽”。这样既严重影响工作，又影响职业生涯的发展。

3. 从零开始，虚心学习

一个人在学校里学到的知识毕竟是有限的，大部分知识和能力还要在工作实践中获得。毕业生尽管在校学到了一定的知识和技能，但往往是知识结构不完善的“半成品”。到了工作单位还应虚心地向工作多年、具有丰富经验的师傅、技术人员、领导和同事学习。多请教、多观察、多积累，做一个好学者。学习是一件贯穿终身的事情，特别是知识经济时代，科技更新步伐加快，竞争激烈，我们要处处学、时时学，做一个有心之人。

> 少而好学，如日出之阳；壮而好学，如日中之光；老而好学，如秉烛之明。
>
> ——古语

> 中职学校文秘专业的小范应聘到一家单位做文员。由于该单位人手紧缺，毕业前夕她便提前上岗了。小范觉得自己一点工作经验都没有，刚到单位压力很大，她被分在人事处，这对她来讲是个完全陌生的领域。来到工作单位后，领导对她很关心，不仅在业务上手把手地教她，在生活上也给了她不少帮助。同事对她也很友善，大家相处得和睦融洽，工作起来也轻松愉快。上班20多天，让小范感受最深的就是学生和上班族这两种完全不同的角色转换。以前在学校就知道读书、学习，根本不会注意与人处事中的细小问题，现在可不一样了，很多礼节如果不注意到，就可能会引起误解。小范说，在社会这本书中，自己要学的还很多。

工作当中有许多需要注意的地方，所以当我们走上工作岗位之后，要注意细节，从零开始，虚心学习。

【学以致用】

就业心理问题的解决

小王是某中职学校 2011 级机电一体化专业的毕业生，在学校学习期间，成绩优异，毕业后经学校推荐进入某工厂工作，工作时他发现，自己身边优秀的人有很多，于是他便开始自卑起来，总是怕自己出错，甚至产生了失眠、焦虑的症状。想一想，你该对他说些什么？

步骤一　认真分析小王产生自卑情绪的原因。

步骤二　如果你是小王的好朋友，想一想，你该如何帮助他，把你的想法写下来。

步骤三　观照一下自己，想一想自己最近的情绪如何？写下来，如果情绪有些低落，尝试用学过的知识为自己做心理调适。

【知识拓展】

中职生不良择业心态的调适

择业是人生的一次重要选择，选择职业就是选择未来。中职生应正确认识自己，认识社会，积极参与社会竞争，正确对待求职挫折，走出各种心理误区，保持良好的心态，为求职择业打下牢固的基础。

1. 正视社会现实，更新就业观念

中职生择业难与其陈旧的就业观念有关。社会的变迁、就业环境的变化，要求中职生必须正视社会现实，更新就业观念，从陈旧的条条框框的束缚中解放出来。

（1）随着我国就业制度改革的深入，随着“双向选择，自主择业”的就业新体制的确立，中职生走向市场，实行公开、平等竞争就业，已成为历史发展的必然，如果仍然坐等学校分配，希望“吃稳定饭”、“一次就业定终身”，是不现实的。中职生必须积极主动地参与市场竞争，树立“让社会选择自己，让自己适应社会”的新观念。

（2）要树立职业无贵贱、行行可成才和为大众服务的意识。毕业生的眼光不能只盯着国有大中型企业、行政事业单位，更要看到乡镇企业、个体私营企业以及社区和农村有更广阔的就业空间。从年龄角度看，中职生大多在十八九岁，有活力，学习能力强，有工作热情，是社区服务业的新生力量。

2. 树立竞争意识，增强自信心，积极主动地参与市场竞争

随着就业制度的改革，要求学生必须走向社会，走入市场，参与竞争。同时，要强化

自主意识，对自己充满信心，有朝气和锐气，敢想、敢说、敢干，在竞争的激流中奋力拼搏，驶向成功的彼岸。

3. 客观评价自己，准确自我定位，寻找最佳位置

“知己知彼，百战不殆”，这是中国古代著名的战略思想，对于择业，它同样是一条重要原则。中等职业学校的培养目标就是为社会输送具有一定专业技能的第一线的技术工人、第三产业的服务人员和各基层的劳动者。中职生要有面向基层、面向第一线的心理准备。每个学生都应该有一个适当的自我定位，客观地评价自己、认识自我，带着良好的心态去实现自己的职业理想，避免盲目和减少失败，为自己找到最佳的职业岗位。

4. 练就过硬技能，不断学习，增强自身实力

据报道，上海、深圳等地都曾出现8 000元月薪招聘高级技工但良才难觅的情况。这说明当前中职生的技能水平和操作能力并不能令人满意。因此，中职生在努力学习和掌握本专业现有的知识与技术外，还要利用各种学习机会，主动扩展自己的知识面，为自己充电，努力提高自身的综合素质，以适应未来工作岗位和自身发展的需要，这也是现代社会对提高从业人员的整体素质的要求。

5. 学习必要的择业技巧，树立自我推销的公关意识

中职生因其年龄较小又无社会经验，在求职过程中遇到的困难较多。这其中，自我推销能力和必要的择业技巧的缺乏，是影响求职成功的原因之一，因此，中职生需要树立自我推销的公关意识，掌握一定的求职择业技巧。

6. 保持良好择业心境，提高抗挫折能力

因社会偏见、就业形势严峻等诸多原因，中职生在竞争求职过程中，很容易遭受挫折和失败。为了在竞争激烈的社会中经受住挫折的打击，依旧保持进取的勇气，中职生需要保持良好的择业心境，增强抗挫折能力，要切记，在挫折面前“只要你勇敢地朝前迈出一步，命运就会从此出现巨大的转机”。

第二课 无规矩不成方圆

——签订劳动合同

【至理名言】

生活只有在平淡无味的人看来才是空虚而平淡无味的。

——车尔尼雪夫斯基

立志、工作、成功，是人类活动的三大要素。

——巴斯德

【看图悟道】

想一想，在劳动合同的签订上要注意哪些问题？________________

____

____

【知识探究】

合同，又称契约，是指双方当事人之间为实现一定的目的，根据法律规定，变更或解除权利义务关系的协议。

劳动合同是指劳动者与用人单位确立劳动关系、明确双方权利和义务的协议。建立劳动关系应当订立劳动合同。劳动者同企业、国家机关、企事业单位、非国有的企业单位、个体经济组织等用人单位之间订立的、明确双方权利和义务的协议就是劳动合同。劳动合同按照标准可划分为不同的种类，以合同的目的为标准，可划分为聘用合同、录用合同、借调合同、停薪留职合同；按照有效期限的不同，又可划分为固定期限的合同、无固定期限的合同和以完成一定的工作为期限的合同；按劳动者人数不同，又可划分为个人劳动合同、集体劳动合同等。

一、劳动合同的基本内容

劳动合同的内容，是指双方当事人在劳动合同中必须明确各自的权利义务及其他问题。劳动合同内容是劳动关系的实质，也是劳动合同成立和发生法律效力的核心问题，如果一份劳动合同缺乏实质性的权利义务条款，或者所规定的权利义务条款含义不清，模糊混乱，这份劳动合同就没有意义。

劳动合同的内容，可以分为法定条款和协商条款两部分，前者是指劳动合同必须具备的由法律、法规直接规定的内容；后者是指无须由法律、法规直接规定，而是由双方当事人自愿协商确定的合同内容。

二、劳动合同订立的原则

根据《中华人民共和国劳动合同法》第三条的规定，订立劳动合同应遵循合法、公平、平等自愿、协商一致、诚实信用的原则。

1. 合法原则

劳动合同的订立必须遵守国家的宪法和各种法律、法规，不得违反。

2. 平等自愿、协商一致原则

平等是指签订合同的双方当事人，在协商、签订劳动合同的过程中地位是平等的，任何一方不得将自己的意愿强加于对方，不得用强制、胁迫或第三者非法干预等手段，要求对方签订不平等的劳动合同。

3. 诚实守信原则

在签订劳动合同的过程中，双方应以诚实的态度协商、签订，不可隐瞒、欺骗、伪造事实，否则签订的劳动合同无效。签订劳动合同后，应相互守信，自觉遵守合同条款，认真履职。

三、劳动合同应当具备的条款

根据《中华人民共和国劳动合同法》第十七条规定，劳动合同应当具备以下条款：

（一）用人单位的名称、住所和法定代表人或者主要负责人；
（二）劳动者的姓名、住址和居民身份证或者其他有效身份证件号码；
（三）劳动合同期限；
（四）工作内容和工作地点；
（五）工作时间和休息休假；
（六）劳动报酬；
（七）社会保险；
（八）劳动保护、劳动条件和职业危害防护；
（九）法律、法规规定应当纳入劳动合同的其他事项。

劳动合同除前款规定的必备条款外，用人单位与劳动者可以约定试用期、培训、保守秘密、补充保险和福利待遇等其他事项。

××公司劳动合同书

××公司（以下简称甲方）现聘用____________同志（以下简称乙方）为甲方合同制职工，双方于__________年__________月__________日自愿签订本合同。

1. 乙方工作部门：______处______科______（乙方职位）。

2. 试用期______月，试用期内任何一方有权提出中止合同，若试用期满双方无异议，乙方转为甲方正式合同制职工。

3. 工作安排：甲方根据工作需要安排乙方工作，乙方服从管理。

4. 教育培训：甲方负责乙方的业务技术、安全生产的培训。

5. 生产、工作条件：甲方为乙方提供符合国家规定标准的安全卫生工作环境。

6. 工作时间：乙方每周工作五天，每天工作不超过8个小时。加班有加班费。

7. 劳动报酬：甲方每月按本公司规定的工资形式和考核办法，以人民币支付乙方工资和奖金。

8. 社会保险和福利待遇：甲方按照国家规定的社会保险制度，为乙方交纳养老保险金、医疗保险、失业保险等，并代扣个人所得税。

9. 休假待遇：享受国家法律规定的带薪假期。

10. 劳动保护：甲方根据工作需要向乙方提供劳动保护用品。

11. 劳动纪律：乙方遵守国家的法律规定，遵守甲方的各项规章制度。

12. 奖惩：甲方根据乙方业绩给予奖励，乙方违反甲方的《职工守则》，按规定处理。

13. 合同期限：本合同自签订之日起生效，有效期为______年，于______年______月______日到期。

甲方	乙方
公司总经理签章	职工个人签章
年　月　日	年　月　日

四、签订劳动合同的注意事项

1. 劳动者应及时与用人单位签订劳动合同

就业协议是毕业生用来与用人单位确立就业关系的法律依据，与劳动合同效用不能等同，因此，毕业生到应聘单位工作，应与用人单位建立劳动关系，即从工作开始就应签订劳动合同。根据《中华人民共和国劳动合同法》第十条规定，已建立劳动关系，未同时订立书面劳动合同的，应当自用工之日起一个月内订立书面劳动合同。毕业生为了保障自身的合法权益，应与用人单位签订书面劳动合同。《中华人民共和国劳动合同法》第十四条规定，用人单位自用工之日起满一年不与劳动者订立书面劳动合同的，视为用人单位与劳动者已订立无固定期限的劳动合同。第八十二条规定，用人单位自用工之日起超过一个月不满一年未与劳动者订立书面劳动合同的，应当向劳动者每月支付二倍的工资。

2. 明确劳动合同的必备条款

毕业生应学习《中华人民共和国劳动合同法》，并掌握相关规定。在订立劳动合同过程中，应明确哪些是必备条款，条款中有无违反法律、法规的规定，做到心中有数才能保障自身的合法权益。

3. 毕业生有知情权、协商权

毕业生签订劳动合同的知情权是指毕业生有权了解合同内容、了解单位规章制度。对条款如有不明白的地方可以提出疑问，对方应如实解释清楚以免造成毕业生判断错误。劳动关系属于民事关系，所以它也适用“有约定从约定，没约定从法定”的法律原则，订立劳动合同鼓励“约定”原则。既然是约定就应双方平等协商，初到单位毕业生不要有胆怯心理，对合同有异议的要提出，能接受的就签订，协商不统一的就不要签，以免日后引起纠纷。

4. 依法确定试用期，明确违约补偿规定

试用期要依法规定清楚。根据《中华人民共和国劳动合同法》第十九条规定，劳动合同期限三个月以上不满一年的，试用期不得超过一个月；劳动合同期限一年以上不满三年的，试用期不得超过二个月；三年以上固定期和无固定期限的劳动合同，试用期不得超过六个月。

订立合同要明确双方违约情况、违约行为应承担的责任，明确违约赔偿金额等。根据《中华人民共和国劳动合同法》规定，在用人单位为劳动者提供专项培训费用、对其进行专业技术培训的情况下，可以与该劳动者订立协议，约定服务期和违约赔偿费，赔偿金额不得高于培训费用。

中职生陈某与某电脑公司签订了劳动合同，合同期限为 6 个月。该电脑公司与陈某约定的试用期是 6 个月，试用期内月工资为 900 元，试用期满后的月工资为 2 000 元。陈某在该单位按照合同约定完成了 6 个月的试用期工作，之后该公司按照合同规定支付了试用期的全部工资。

该劳动合同有两处不合法的地方：一是试用期时间不合法；二是试用期工资数额不合法。所以，毕业生在签订劳动合同的时候，要仔细阅读其中的条款，以免自身权益受损。

5. 劳动合同的保管

劳动合同文本用人单位和劳动者各执一份，劳动者应妥善保管好本人的劳动合同。如果用人单位提供的劳动合同文本未载明必备条款，或者用人单位未将劳动合同文本交付劳动者的，由劳动行政部门责令改正；给劳动者造成损害的，应当承担赔偿责任。

【学以致用】

签订劳动合同

步骤一　教师统筹安排，把全班同学分为 A、B 两大组，并将 A、B 两大组分别细分为若干小组。

步骤二　A 组学生扮演用人单位，在劳动合同上做手脚，侵犯求职者的利益，B 组学生扮演求职者，求职者要从中筛选出黑心合同，保护自己的合法权益。

步骤三　教师评选出最佳编剧奖、最强法律意识奖等，并作点评，提醒学生在签订劳动合同时应注意的问题。

【知识拓展】

无效劳动合同

无效劳动合同，是指不具有法律效力的劳动合同。《中华人民共和国劳动合同法》第二十六条规定，下列劳动合同无效或者部分无效：

（一）以欺诈、胁迫的手段或者乘人之危，使对方在违背真实意思的情况下订立或者变更劳动合同的；

（二）用人单位免除自己的法定责任、排除劳动者权利的；

（三）违反法律、行政法规强制性规定的。

对劳动合同的无效或者部分无效有争议的，由劳动争议仲裁机构或者人民法院确认。

无效劳动合同，从订立之日起，就没有法律约束力，不受法律的保护。但这并不就是说，所有的无效劳动合同，其合同的全部条款都是无效的。有的劳动合同，只是部分条款无效，其余条款仍然有效，对于这类劳动合同，应当根据无效的程度和范围区别对待，不能一概否定。如果其无效部分的条款并不影响其余部分条款的效力，则其余部分仍应视为有效。例如，有的劳动合同规定的工作岗位、工资、保险福利、争议处理等条款均符合国家法律法规的规定，仅工作时间条款规定过长超过了国家法定工作时间。这种劳动合同属于部分无效劳动合同，可按《中华人民共和国劳动合同法》规定对工作时间条款进行修改，其余条款仍可继续执行。

小王高中毕业后，没有考取大学，于是他买了一个假本科文凭，想到大城市去闯荡，因为小王口才不错，做事也比较老成、稳重，所以他成功地与一家公司签订了劳动合同，但是不久公司经理便发现他的学历是假的，在合同还未到期的时候辞退了他。小王不服气，说自己与公司签订的合同还未到期，公司无权辞退自己。公司经理拿出《中华人民共和国劳动合同法》，他立刻傻眼了。

《中华人民共和国劳动合同法》第二十六条第一款明确说明了此类问题。员工提供的学历文凭是假的，是一种欺诈行为，导致所签订的劳动合同属无效劳动合同，公司不存在赔偿问题。

张亮中职毕业后在某公司找到了工作，但是该公司签订合同时，有一些条款张亮不同意，不肯签约，公司就威胁他说不签就辞退他，张亮害怕被辞退，于是被迫签了合同。

这样的合同就是完全无效合同。根据《中华人民共和国劳动合同法》，此合同是以胁迫的手段，使对方违背真实意思的情况下被迫签订的，因此该合同无效。

第三课 宝剑锋从磨砺出

——如何度过试用期

至理名言

一个人如果认为自己在一生中能干出一番不同寻常的大事，就比没有远大理想的可怜虫，有着更多的成功的机会。

——伯纳德·马拉默德

一次失败，只是证明我们成功的决心还够坚强。

——博　维

看图悟道

想一想，你认为如何能安全、愉快地度过试用期？________________

____

____

【知识探究】

初涉职场的应届毕业生，都会遇到同样的问题——面对新的工作环境与人际关系，冠上公司“新人”称谓，而且职场新人都要面对并度过试用期。试用期是用人单位和劳动者建立劳动关系后的一段互相了解和双向选择的时间。

《中华人民共和国劳动合同法》第十九条规定：劳动合同期限三个月以上不满一年的，试用期不得超过一个月；劳动合同期限一年以上不满三年的，试用期不得超过二个月；三年以上固定期限和无固定期限的劳动合同，试用期不得超过六个月。同一用人单位与同一劳动者只能约定一次试用期。以完成一定工作任务为期限的劳动合同或者劳动合同期限不满三个月的，不得约定试用期。试用期包含在劳动合同期限内。劳动合同仅约定试用期的，试用期不成立，该期限为劳动合同期限。

《中华人民共和国劳动合同法》第二十条规定：劳动者在试用期的工资不得低于本单位相同岗位最低档工资或者劳动合同约定工资的百分之八十，并不得低于用人单位所在地的最低工资标准。

一、应对试用期工作

第一阶段：“困难期”。大约是上岗的第 1 ~2 周，刚刚进入一个新环境，由于环境不熟悉，人员陌生，处处要小心翼翼，心理压力特别大。加上业务不熟练，做事不能统筹兼顾，花“冤枉”力气不少，体力消耗大。刚独立生活，衣食住行样样都要靠自己，休息时间相对少了。因此这一时期身心极易疲乏。

大多数刚参加工作的人都有过这样的经历——备受冷落，满腔抱负没有施展的机会，参与不到核心工作中。这主要表现在被安排的多是打杂、跑腿的事情，每天的工作琐碎重复，所做的工作没有任何的锻炼机会，看不到“出头之日”。

可不要小看这些杂事，对个人来说，这些没有技术含量的基础工作，能很好地了解企业的生产经营，了解客户的基础，了解了这些，日后做复杂的工作时才能得心应手。对企业而言，管理者可以从琐碎小事中发现人才。

第二阶段：“疲惫期”。大约是上岗的第一个月，第一个月需要学习的内容很多，需要熟悉的内容也很多，需要做的事更多。在这一个月的角色转换中，上岗后身心疲惫，工作的劳累、生活的艰苦最容易使人打退堂鼓。

第三阶段：“奋斗期”。大约是参加工作的半年内，这时有对单调的工作程序产生厌烦，有对艰苦环境忍受不了，有感觉经济收入微薄的。由于坚持不下去，跳槽的较多；真正能经住考验的毕业生各方面开始进入正轨，用人单位也开始重视和培养他们。经不住考验的毕业生离开了单位，又重新开始求职，重新开始当“新人”，重新开始经受 3 个阶段的考验。

进公司的头几天，很多人不知道手脚该往哪里放，大伙都忙得热火朝天，自己却闲得发慌，除了看文档还是看文档。在老员工看来，新人的工作都是领导来安排，自己何必多插嘴。而领导又不能整天围着新人转，于是新人“落单”在所难免。遇到这种情况，新人自然要放下架子主动去和离你最近的那些同事请教。

二、试用期常见侵权行为与解决办法

1. 试用期不签订劳动合同

（1）常见情况

有些用人单位将试用期排除在劳动合同外，企业单独设立试用期合同，实质上就是利用新人的心理弱势和对劳动法律知识的欠缺，以“试用期”为由，逃避劳动合同的约束，以达到随时解聘新人，或在发生劳动争议时使新人无维权的“凭据”。

2010 年 7 月小李从某中职学校毕业，小李有吃苦耐劳的精神，他明白刚毕业的学生要在基层锻炼，所以，找工作时公司只与他签下 3 个月的《试用期合同》，并许下试用期表现经考核合格就补签《劳动合同》。小李明知这种合同对试用期新人的权益保护存在着很大的风险，但迫于无奈，只好签下了。

结果他在工作中发现，这家公司对试用期中的员工拼命压榨，不给上任何保险，即便是《试用期合同》，在签署合同时，以需要总经理签字的名义，取走他单方面签字的两份合同，再没有退还给他一份。

两个月过后，公司老板来找小李，说公司最近月月亏损，养不起太多的人，只好从新人开始减员，请小李理解，然后只付给他试用期七成的薪水，就把他打发了。

这个案例中，用人单位就是利用了小李的心理弱势，小李明知这种合同对试用期新人的权益保护存在着很大的风险，但迫于就业的压力，只好存着侥幸的心理，签下了这个合同，结果可想而知，被用人单位压榨，个人权利受到了侵犯。

（2）应对方法

①拒绝签订。如果你在求职的企业必须要以《试用期合同》与《劳动合同》剥离开的

形式让你签约，那么《试用期合同》最好不签。因为如果你不签订《试用期合同》，在法律上就存在事实上的劳动关系，你可以按有关的法律条款为自己维权。如果你签了，你就很可能掉入《试用期合同》的陷阱，就等于自愿放弃权利了，到时候再用法律来维权就难了。

②写明条款，保障利益。如果你实在无法说服企业签订《劳动合同》，而这家企业对你又很有吸引力，那么对《试用期合同》也应该通过谈判的形式来签订，不能让企业雇主为所欲为地按照自己制造的“霸王条款”欺负新人。在谈判时，应该把握两个基点：一是要写明应享有的劳动保障与福利；二是要把“转正”的要求条件写入条款。这样就降低了雇主找借口在试用期内把你辞退的风险。

③请求法律援助。如果在《试用期合同》内或未签试用期合同，企业雇主不以任何理由，就单方面辞退你，并且没有给足你应得的薪水，你就可以针对雇主无理辞工和减薪事宜，向当地劳动保障部门举报，请求法律援助。

2. 变相延长试用期

（1）常见情况

通过试用期后，“转正”往往会遇到“困难”。因为有些企业雇主对新人将要“转正”会给企业增大成本感到心疼，于是往往未和新人打招呼，就以对方工作能力尚未达标为由，单方面延长试用期。

2011 年小张从合肥某中职学校毕业，毕业后与一家公司签订了 5 年的《劳动合同》，合同中约定试用期为 3 个月。在试用期间，小张出过几次小的差错，但对工作没有太大的影响。但该公司在试用期满前通知小张说，鉴于她工作中经常有差错出现，需要进一步考察，于是公司决定将试用期延长 3 个月。小张由于当时急于找份稳定的工作，也没有说什么。然而，让她想不到的是，6 个月试用期满后，这家公司竟作出决定：由于她在试用期的表现不符合公司要求，要与她解除劳动合同。

在这个案例中，小张先是被告知延长试用期，继而公司与她解除劳动合同，这就是所谓的变相延长试用期。当遇到这种情况时，我们要学会保护自己的合法权益。

（2）应对方法

①事先明确。如果企业雇主有意与你签劳动合同，为了尽量避免出现劳动争议，最好的方式是在雇佣关系开始时，即主动向企业雇主问清楚试用期限、评估标准、试用期间是否会根据工作能力的考评进行弹性延长等问题（企业雇主无权以试用期间不符合录用条件为由，单方面解除或延长试用期）。

②要求依据。如果试用期满后，企业雇主对你的工作还不甚满意，要延长你的试用期，你就应该要求企业对你不满意之处提出具体的依据（以合同书中规定的录用条件为准）。

③寻求法律援助。对于上列企业雇主因为违法现象而侵害了你的试用期权益，就应该依法向对方提出交涉；在交涉未果的情况下，就应该向当地劳动争议仲裁委员会申请仲裁；如果你对仲裁的裁决不服，还可以向当地基层法院提起诉讼，请求法院撤销该仲裁裁决。

3. 试用期没有“四险”

（1）常见情况

所谓的“四险”指企业雇主必须为劳动者参加基本养老保险、失业保险、医疗保险、工伤保险。这四项保险俗称“四金”。在企业，“四金”是劳动合同里不可或缺的条款。对新劳动者来说，“四金”是企业雇主必须给予的基本权利。

小黄中职毕业后参加工作，没有和单位签订劳动合同。她的单位是一家私营企业，老板承诺试用期满后再给她上“四金”。5 个月后，小黄转正了，单位却以各种理由搪塞，迟迟不给上“四金”，劳动合同也不签订。

在这个案例中，小黄所在的私营企业，先是用口头协议的方式同小黄约定，试用期满后才能为她购买养老保险、失业保险、医疗保险和工伤保险，结果试用期满后并未实现承诺，这是典型的常见的企业违反劳动合同法行为。

（2）应对方法

①保持镇定。如果你已经和企业签了《试用期合同》，不要着急。因为《试用期合同》是不受法律保护的，尤其是新人的“四金”，一般是不会写在《试用期合同》里的，而没有写进去的，你的“四金”权利就会自然地受到劳动法的保护。

②寻找法律依据。如果你不知道“四金”的交纳办法和分配比例，可以向劳动监察部门咨询。有些企业有意违法拖长试用期的期限，并以“试用期”为借口，不为新人交纳“四金”，这是严重侵害新人权益的行为。你若遇到这种情况自己不能解决，应尽快向当地劳动保障部门举报，请求帮助你维权。

4. 试用期许下“口头协议”

（1）常见情况

口头协议也叫口头合同，是指双方当事人以谈话、电话及口头形式对合同内容达成一致的协议，无任何书面的或其他有形载体来表现合同内容。某些黑心用人单位常常仅与求职者达成口头协议，当求职者合法权益受到侵害时，往往苦于没有证据而只好自认倒霉。

小杨中职毕业后，和一家物流企业暂时达成了“口头协议”，在该公司试用 3 个月，一次性发薪 1 200 元，试用合格后再签订劳动合同。考虑到现在的就业形势，小杨来到这家公司做文秘兼市场策划。为了给用人单位一个好印象，小杨几乎每天都是最先来到办公室，打开水、拖地，然后再开始一天忙碌的工作。为了尽早熟悉业务，把工作做好，小杨起早贪黑，不辞辛苦。他的勤奋和好学博得了同事的好感，小杨心里暗暗高兴。

但就在试用期将满时，公司负责人明确告诉小杨，由于他是中职生，不符合公司的招聘条件，公司决定终止与他的口头协议，并说终止协议的责任方在小杨，所以公司没有义务支付小杨两个多月的“劳务费”。

案例中的小杨是被用人单位的“口头协议”侵犯了权利。

（2）应对方法

①签订合同书。求职时，如果你对雇主的“口头协议”没有异议，就请雇主将其协议的承诺写进相应的合同书。必须认清，用工单位不与新劳动者签订书面劳动合同是违法的。

②尽快退出。如果你已经陷进“口头协议”的陷阱，现在赶紧向企业雇主提出补签协议的要求，这时雇主可能会以“安心工作，一切好商量”之类的话进行搪塞。而在这样的情况下，你应尽快辞职，否则你可能会吃更大的亏。

③寻求法律保护。如果你已经中了“口头协议”的圈套，试用期满了既得不到企业应付给的薪水，还不能转正，为了挽回你的个人损失，你就要用相关的法律条款来维护自己的权益。

学以致用

维护合法权益

小王是某中职学校护理专业的学生，2011 年毕业后进入一家门诊部做护士，当时该单位以毕业生缺乏经验为由，不与她签正式合约，只能以试用名义留下，小王无法享受正式合同工待遇，工资也以津贴名义每月只给 700 元。小王认真工作，从不请假，加班没有加班费也忍了，只希望尽快“转正”。半年后，门诊部总算和她签订了合同，可只签了半年。2012 年 6 月底合同到期，单位没有再和她续约。据悉，门诊部又看上了新一届毕业的毕业生。

步骤一　全班分为若干小组，讨论处理方案。

步骤二　由教师选拔人员作为用人单位的“刁难者”，扮演其角色。

步骤三　每组派出一位代表，扮演小王，看看哪一组最能有理有据的维权。

步骤四　教师点评，学生总结。

知识拓展

《中华人民共和国劳动合同法》关于试用期的有关规定

1. 用人单位不得与全日制用工劳动者约定试用期的情况

根据《中华人民共和国劳动合同法》第十九条的规定，以完成一定工作任务为期限的劳动合同，或者劳动合同期限不满三个月的，不得约定试用期。在其他情况下，是否约定试用期，由用人单位与劳动者协商确定。

2. 试用期的上限的确定

根据《中华人民共和国劳动合同法》第十九条的规定，劳动合同期限三个月以上不满一年的，试用期不得超过一个月；劳动合同期限一年以上不满三年的，试用期不得超过二个月；三年以上固定期限和无固定期限的劳动合同，试用期不得超过六个月。

3. 同一用人单位与同一劳动者的试用期约定

根据《中华人民共和国劳动合同法》第十九条的规定，同一用人单位与同一劳动者只能约定一次试用期。

4. 试用期与劳动合同期限的关系

劳动合同试用期是用人单位和劳动者建立劳动关系后，为互相了解和双向选择而订立的特殊期限。根据《中华人民共和国劳动合同法》第十九条的规定，试用期包含在劳动合同期限内。

5. 约定试用期与暂不约定劳动合同

根据《中华人民共和国劳动合同法》第十九条的规定，劳动合同仅约定试用期的，试用期不成立，该期限为劳动合同期限。

6. 用人单位向试用期劳动者支付工资的下限

根据《中华人民共和国劳动合同法》第二十条的规定，劳动者在试用期的工资不得低于本单位相同岗位最低档工资，或者劳动合同约定工资的百分之八十，并不得低于用人单位所在地的最低工资标准。

7. 试用期内用人单位解除劳动合同的限制

（1）根据《中华人民共和国劳动合同法》第二十一条的规定，在试用期内，除劳动者有本法第三十九条和第四十条第一项、第二项规定的情形外，用人单位不得解除劳动合同。

（2）《中华人民共和国劳动合同法》第三十九条的规定的情形包括：①劳动者在试用期间被证明不符合录用条件的；②严重违反用人单位规章制度的；③严重失职、营私舞弊，给用人单位造成重大损害的；④劳动者同时与其他用人单位建立劳动关系，对完成本单位的工作任务造成影响的，或者经用人单位提出，拒不改正的；⑤以欺诈、胁迫的手段或者乘人之危，使对方在违背真实意思的情况下订立或者变更劳动合同致使劳动合同无效的；⑥被依法追究刑事责任的。

（3）《中华人民共和国劳动合同法》第四十条第一项、第二项规定的情形包括：①劳动者患病或者非因工伤，在规定的医疗期满后不能从事原工作，也不能从事由用人单位另行安排的工作的；②劳动者不能胜任工作，经过培训或者调整工作岗位，仍不能胜任工作的。

用人单位在试用期解除合同的，应当向劳动者说明理由。

创业要在哪些方面做哪些准备？

创业计划如何制订？

第六篇

临渊羡鱼，不如退而结网
——创业准备

第一课 我思故我在

——创新思维

【至理名言】

成功的秘诀是努力，所有的第一名都是练出来的。

——陈安之

如果你要成功，你应该朝新的道路前进，不要跟随被踩烂了的成功之路。

——约翰·D·洛克菲勒

【看图悟道】

如果让你来构思一个故事，就从这幅图开始，你会怎么构思？看看通过这幅图片，你想到了什么？全班做一次交流。________________________________

____

____

知识探究

一、思维

思维是人脑对客观事物间接的和概括的反映。思维能力是人的能力结构的核心，是各种能力中最重要的一种能力。在知识创新、科技创新中，形象思维、直觉思维和体验能力起着关键性作用。思维能力的高低，在一定程度上决定着一个人事业的成效，所以人们都十分重视思维能力的培养。一个人的思维能力取决于他的智力水平，但在更大程度上取决于他的思维方式，因此，中职生应当重视培养自己科学的思维方式。

思维具有其独特的属性，具体包括以下几个方面。

1. 概括性

黄丽是某中职学校一年级的学生，她有一个小表弟在上幼儿园，一次，黄丽带着小表弟去动物园，她让小表弟表演一下数数，小表弟于是说："那有2只老虎，4只猴子，3根香蕉。"黄丽觉得小表弟很聪明立即奖给她一根大香蕉。

黄丽的小表弟在无意中就用到了思维的概括性。

思维的概括性是指建立事物之间的联系，相同性质的事物抽取出来，对其加以概括，并得出认识。例如，2只老虎，4只猴子，3根香蕉，就是根据事物的共性使用数字来概括事物的例子。

2. 间接性

A租用的房间有一扇窗和一扇门，而且都在里面锁上了。警察B小心翼翼地弄开门，进入房间，只见A倒在床上，中弹身亡。

警察B打电话给探长C，向他报告了情况："今天早上地铁车站那儿卖花的小贩打电话报警，说A在每个星期六晚上都要到他那里买10朵粉红色的玫瑰，已经5个年头了，从未间断过，可最近他都没去。那小贩有点担心出事，就给我们打了电话。初步看来，A像是先锁上了门和窗，然后坐在床上向自己开了枪。他向自己的右侧倒下去，手枪掉到了地毯上。开门的钥匙在他的背心口袋里。"

"他买的那些玫瑰怎么样了？"探长C问道。

"它们都装在一个花瓶里，花瓶放在狭窄的窗台上，花都枯萎凋谢了。另外，据我们分析，A死了至少已有8天了。"

"整个地板都铺了地毯吗？"

"是的，一直铺到了离墙脚一英寸的地方。"警官B回答。

"在地板、窗台或者地毯上有没有发现血迹？"

"只有一点灰尘，没有别的东西。只在床上有血迹。"

探长C说："A是他杀的。"

探长C为什么说A是他杀？

地毯一直铺到了离墙脚一英寸的地方，这不符合常理，并且花瓣枯萎后应该落在窗台或是地上，不可能仅仅只有灰尘。犯罪分子很有可能在窗边行凶后，血迹沾染在地毯上，为了清理地毯上的血迹，犯罪分子对地毯和窗边进行了处理，所以地毯会少了一英寸，窗边没有枯萎的花瓣。

虽然已经过去很多天，探长C通过犯罪现场，寻找出一些蛛丝马迹，还是能够推测罪犯在现场作案的场景。这里用的就是思维的间接性，思维的间接性是通过其他表征来推断事物的能力。思维的这种能力，把本无直接关系的现象联系在一起，使得人们不必去直接地接触某些信息，通过这些规律，便可以成功地揭露出这些事物的本质。

3. 超出感性认识

思维在实践活动的基础上由感性认识产生并远远超出了感性认识的界限。

有一天，德国著名的探险家和地球物理学家魏格纳在看世界地图时，注意到大西洋两岸的海岸线十分吻合，如非洲方向有一个凹进去的港湾，对应的巴西港湾就有一个凸出的地方，两边几乎可以完全拼合到一起。这就引起了他的猜想：大西洋两岸原来是连在一起的。随后他经过研究，提出了著名的大陆漂移理论。

在科学研究中，人类是不能通过感觉来直接理解的，需要通过寻找其他活动的规律或是证明。

4. 超越现实

任何一项伟大的发明，都不会是凭空产生的。电子计算机也是如此。人类寻求高速计算工具的努力，可以追溯到遥远的古代。从结绳记事到电子计算机的出现，人类用智慧超越了现实，获得不断地发展。

发明家可以通过已经存在的物品，通过新的想象，对其加以改进，从而发明出新的物品。其能否成功，关键在于思维的推断是否与现实相符。其实，这也正是人类创造能力和创新能力的来源。

思维可以通过归纳与概括掌握现实中事物的规律，还可以在已有的事物上，通过想象，建立全新的、不存在的事物。

二、创新思维

创新思维是人类创造力的核心和思维的最高级形式，是人类思维活动中最积极、最活跃和最富有成果的一种思维形式。人类社会的进步与发展离不开知识的增长与发展，而知识的增长与发展又是创新思维的结果，所以，创新思维比之上述思维的其他形式，更能体现人的主观能动性。

创新不一定需要天才，创新在于平日的积累，任何事情的成功都是因为找出了能把事情做得更好的方法。

美国纽约州有一家三流旅馆，生意一直不是很景气，老板无计可施，只等着关门了事。后来，老板的一位朋友指着旅馆后面一块空旷的平地给他出了个主意。次日，旅馆贴出了一张广告："亲爱的顾客，您好！本旅馆山后有一块空地专门用于旅客种植纪念树之用。如果您有兴趣，不妨种下10棵树，本店为您拍照留念，树上可留下木牌，刻上您的大名和种植日期。当您再度光临本店的时候，小树定已枝繁叶茂了。本店只收取树苗费200美元。"广告打出后，立即吸引了不少人前来，旅馆应接不暇。

没过多久，后山树木葱郁，旅客漫步林中，十分惬意。那些种植的人更是念念不忘自己亲手所植的小树，经常专程来看望。一批旅客栽下了一批小树，一批小树又带回一批回头客，旅馆自然也就顾客盈门了。

商机无处不在，关键是你是否拥有创新思维。创新思维让这家三流旅馆绝处逢生。

如果说思维是人类的金字塔，那么创新思维则是金字塔的塔尖，掌握了这种思维方式，无论在工作还是生活中，都会产生很大的作用。

三、思维定式

我们把常规思维的惯性，称之为"思维定式"，这是一种人人皆有的思维状态。当你形成了一套稳定的思维定式时，遇到问题就会不自觉地用思维定式来解决。

当思维定式在支配常态生活时，还似乎有某种"习惯成自然"的便利，所以不能否认它的积极作用。但是，当面对创新时，若仍受其约束，难免会对创造力产生较大障碍。

有一艘远洋海轮不幸触礁，沉没在汪洋大海里。幸存下来的9名船员拼死登上了一座孤岛。但接下来的情形更加糟糕，岛上除了石头，还是石头，没有任何可以用来充饥的东西。更要命的是，在烈日的暴晒下，每个人都口渴得咽喉冒烟，水成为最珍贵的东西。

他们四周都是海水，而海水又苦又涩又咸，根本不能用来解渴。现在9个人唯一的生存希望是老天爷下雨或别的过往船只能发现它们。

雨一直都没有下的迹象，船也没有一艘经过这个死一般寂静的岛。

慢慢地，8个船员相继渴死，剩下的那位船员也快要渴死了。这时候，他实在受不住了，便扑进海水里，"咕嘟咕嘟"地喝了一肚子海水。船员喝完海水后，感觉这里的海水一点苦涩味也没有，反而非常甘甜，非常解渴。他想：这也许是自己渴死前的幻觉吧，便静静地躺在岛上等死。

当他睡了一觉醒来时，发现自己还活着，他感觉很奇怪。于是，靠喝这岛边的海水支撑度日，他终于等来了救援的船只。

后来人们化验这海水发现，这儿由于有地下泉水的不断翻涌，所以，岛边的海水实际上是可口的泉水。

习以为常、耳熟能详、理所当然的事物充斥着我们的生活，使我们逐渐失去了对事物的热情和新鲜感。经验成了我们判断事物的唯一标准，存在的当然变成了合理的。随着知识的积累、经验的丰富，我们变得越来越循规蹈矩，越来越老成持重，于是创造力丧失了，想象力萎缩了。从而使得思维定式成为人类超越自我的一大障碍。

思维定式是人脑习惯使用的一系列已被固化的概念、规则、理论和逻辑的抽象形式。思维主体在加工处理各类信息时，这些概念、规则、理论和逻辑就会自动地发生作用。思维定式的形成与环境、经历、个性、需求、价值取向、知识储备等诸多因素有关，具有很强的惯性，一旦定型就很难改变。

思维定式是创新的大敌，不打破思维定式，就不可能创新。因此，要刻意培养自己的发散思维、空间思维、数字思维、逆向思维、灵感思维等。这样有助于打破思维定式，有助于创新。

1. 发散思维

发散思维又称“辐射思维”、“放射思维”、“多向思维”、“扩散思维”或“求异思维”，它是指从一个目标出发，沿着各种不同的途径去思考，探求多种答案的思维方式。例如，一题多解、一物多用等。

一家著名的网络公司的科研部门决定招一名工作人员。几天之内，前来报名的人数就有几百人。经过层层筛选，最终进入面试的是 9 名拥有本科学历和 1 名拥有中专学历的年轻人。

面对如此诱人的职位，他们一个个都憋足了劲，一副摩拳擦掌、志在必得的样子。然而最终职位只有一个，这也让他们有些紧张：面试到底会考些什么呢？一定是很难的专业问题，几乎所有的人都这样想。

面试如期而来，10 名面试者被一起叫进了经理办公室，参与主考的是公司的高层领导，连总经理也到场了。主考首先问了他们一些情况，然后才转向正题，果然问了每人一个专业性问题，回答者均自我感觉良好，一个个脸上都露出了笑容。

突然，一直没有开口的总经理说话了：“我现在考你们最后一个题目，它将决定谁会最终留下来。我这有几组数字，请说出它们之间的关系。第一组是‘1、3、7、8’，第二组是‘2、4、6’，第三组是‘5、9’。”

10 个年轻人搜肠刮肚套尽了所有的数学逻辑概念，始终都没有发现这几组之间有什么特殊关系。一刻钟过去了，待在最边上的中专生终于鼓起勇气说出了自己的答案：“三组之间主要是它们的声调有区别，三组按顺序依次读一声、四声、三声。”总经理和其他主考都赞许地点点头，那个中专生幸运地被录取了。

他们要的不是仅仅具备数学思维而不会灵活变通的员工，因为一个不具备发散型思维的员工难免视野狭窄，最终恐怕很难真正促进科研的发展。

数学思维固然重要，然而灵活应变，具备发散型思维、善于从多角度思考问题更是一个优秀的员工应具有的素质。

2. 空间思维

空间思维是千万种思维中的一种，所谓空间思维，是指基于空间，从空间的事物着眼，对空间事物迅速高效地进行一系列分析判断、应对及再调整处置完成某事的思维过程。

一个空间思维的完成，在时间上不等，可能瞬间、零点几秒或几秒，也可能几分钟、十几分钟甚至几天、几个月、几年，其用时的长短由目标任务、客观因素、实施条件和驾驭空间思维的能力而定。

空间思维过程可以是动态连续的，也可以是一个单独的或断续的思维过程；内容可以是一致的，也可以是不一致的；形式可以是单一的，也可以是多重并举的；可一人进行，也可多人共同完成及分组完成；信息高度畅通的情况下，可异地进行或多地同步进行等。空间思维可任意开启和关闭，应用灵活自如。

3. 数字思维

所谓数字思维，就是人们在思考处理问题时，运用带有规律的数字进行思考。数字思维是逻辑思维的一种。

看看下面的一组数字，它们有什么样的变化规律，填出括号里的数字。

5 11 23 47（ ）

思考方向是如何从5得到11，会想到乘2再加1，按照这样的思路继续向下推，发现，每一项都是前一项的2倍再加1，于是找出规律，这里应该填95。你答对了么？在对这道简单的题目思索的时候，我们便运用到了数字思维。

4. 逆向思维

逆向思维是人们重要的一种思维方式。逆向思维也叫求异思维，它是对司空见惯的似乎已成定论的事物或观点反过来思考的一种思维方式。敢于“反其道而思之”，让思维向对立面的方向发展，从问题的相反面深入地进行探索，树立新思想，创立新形象。人们习惯于沿着事物发展的正方向去思考问题并寻求解决办法。

有4个相同的瓶子，怎样摆放才能使其中任意2个瓶口的距离都相等呢？可能我们琢磨了很久还找不到答案。那么，办法是什么呢？原来，把3个瓶子放在正三角形的顶点，将第4个瓶子倒过来放在三角形的中心位置，答案就出来了。把第4个瓶子“倒过来”，多么形象的逆向思维啊！

对于某些问题，尤其是一些特殊问题，从结论往回推，倒过来思考，从求解回到已知条件，反过去想或许会使问题简单化，使解决它变得轻而易举，甚至因此而有所发现，创造出惊天动地的奇迹来，这就是逆向思维和它的魅力。

5. 灵感思维

我们经常在洗淋浴时，或在体育馆里打球时，或别的地方，突然有灵感产生，有奇思妙想出现，而在上班的时候反而思维僵化。

据说，一次，希耶隆二世制造了一顶金王冠，但是，他总是怀疑金匠偷了他的金，在王冠中掺了银。于是，他请来阿基米德鉴定，条件是不许弄坏王冠。当时，人们并不知道不同的物质有不同的比重，阿基米德冥思苦想了好多天，也没有好的办法。有一天，他去洗澡，刚躺进盛满温水的浴盆时，水便漫溢出来，而他则感到自己的身体在微微上浮。于是他忽然想到，相同重量的物体，由于体积的不同，排出的水量也不同……他不再洗澡，从浴盆中跳出来跑回家。当他的仆人气喘吁吁地追回家时，阿基米德已经在做实验。他把王冠放到盛满水的盆中，量出溢出的水，又把同样重量的纯金放到盛满水的盆中，但溢出的水比刚才溢出的少，于是，他得出金匠在王冠中掺了银子。由此，他发现了浮力原理，并在名著《论浮体》中记载了这个原理，人们今天称之为阿基米德原理。

灵感思维就是人们在对某个问题的思考过程中，由于受到某种因素的激发，突然使问题得到澄清和解决的顿悟过程。灵感在一定意义上也是一种直觉，灵感具有突发性，是在百思不得其解时，突然地、出乎意料地找到问题的答案。

在处理日常事务和一般性问题的时候，思维定式能够让人驾轻就熟，得心应手。但由于思维定式中被固化的概念不一定都正确，被固化的规则不一定都适用，被固化的理论可能有偏差，被固化的逻辑可能不严密等，因而当遇到不一样的问题时，思维定式就有可能产生负面效应，将人们引入歧途。一旦走出了思维定式，也许可以看到许多别样的人生风景，甚至可以创造新的奇迹。这样的例子不胜枚举，例如，飞机的发明、雷达的发明、万有引力的发现，都是人们从自然现象中得到的灵感，我们需要常常从大自然中获得灵感和智慧。

【学以致用】

创新思维的训练

一天，唐僧师徒一行经过一条大河，周围没有船也没有过路的桥，于是唐僧派悟空去打探过河的办法，其余人原地休息，休息的时候唐僧说："趁着休息，为师考考你们的思维能力。"众弟子纷纷响应，于是唐僧让八戒去附近人家找来了 6 只碗，然后排成一排，将前 3 只碗里注入河水，后 3 只碗空着。徒弟们很纳闷，不知道师傅要干什么，唐僧似乎看出了他们的心思，说："现在，你们只能移动 1 只碗，就把盛满水的碗和空碗间隔起来，成为满、空、满、空、满、空的格局吗？"

众徒弟眉头紧锁，百思不得其解，这时悟空回来了，看一眼便解开了这道题。

步骤一　按上述材料，准备好道具。

步骤二　班级学生分为4组，每组各派一名代表解题演示，同时每组各派一名计时员，为其他任何一组计时（不得为本组计时）。

步骤三　计时演示，看哪组完成解题所用时间最短，并请各位代表说明自己运用哪种思维方式，评出优胜组。

步骤四　学生课后搜集多种思维方式的训练题，与其他同学交流，锻炼自己的创新思维能力。

【知识拓展】

培养科学思维的方式

科学思维方式的培养不是一朝一夕完成的，更不可以认为是因一时的心血来潮得来灵感后，对事物有所顿悟而得出的。那样得出的思维结果，培养出的思维方式只能是片面、非科学的。它不仅不会帮助人提高解决问题的能力，反而会使思维者本人误入歧途，影响结果。对于中职生来讲，掌握正确的思维方法，了解思维的特性还必须注重科学思维方式的培养。

1. 加强哲学的学习

理性思维是科学的思维方式。哲学为人们提供方法，启迪智能。我们经过接受教育，一般都具备了一定的理性思维能力。但是，要提高理性思维能力、培养科学的思维方式，必须加强哲学的学习，提高哲学思维的素养。马克思主义哲学是关于自然、社会和思维发展的一般规律的科学，其理论内容是辩证唯物主义和历史唯物主义。马克思主义哲学作为科学的世界观和方法论，揭示了自然界、人类社会发展的一般规律，是人们认识世界、改造世界的思想武器，同时，它也揭示了思维发展的一般规律，因此，提高马克思主义的哲学素养，对于提高自己的理性思维能力、培养科学的思维方式是至关重要的。

2. 积累丰富的知识

“巧妇难为无米之炊”，一个人如果只掌握了较好的思维方式和理性思维的一般规律，而缺乏丰富的科学文化知识和有益的实践经验作为思维的基础，是不可能有科学的思维结果和有效解决问题的办法的。“知识就是力量”、“科技就是生产力”，充分地说明一个人掌握的知识越丰富，科技成果和实践经验越多，他的思路才会更广阔、更深刻，思维的成果就可以越完全、越准确。例如，文学知识可以帮助人们在思维过程中准确地理解“文字资料、语言精髓”；历史知识可以给人以有益的借鉴，并可认知人类、社会、自然发展的轨迹和规律；逻辑学知识可以让人掌握思维的规律、形式和方法，为人们奠定科学思维的基础；现代网络知识能让人在思维过程中更多地掌握信息等。因此，我们要努力学习，发奋读书，更多地积累科学文化知识和实践经验，充实自己的知识“库存”。

3. 独立思考问题

独立思考是指对每一个问题从头到尾，由理论到实践都经过自己的头脑独立思考，但也不排斥经常参加讨论争辩。讨论争辩可以作为独立思考的补充，也能促进独立思考的严谨、全面和深刻。善于独立思考的人，既能集中别人的智能，又能超越前人的思想。善于独立思考的关键在于有时间静下来深思，整天忙于事务而不思考，不仅工作搞不好，也谈不上思维能力的培养。独立思考需要多思，同时也要博学、善问、勤于钻研和重视思想方法。

4. 不断调整自己的思维方式

善于随时整理自己的思路，总结思维方法上的经验教训，是培养科学思维方式的一个重要方面。一个人的具体思维过程是十分复杂的，得到某一正确认识之前，总是要犯各种各样思维方式上的错误，有时因概念不清，有时因判断有误，有时因缺乏灵活和变通等。不断地总结在思维上的各种经验教训，可以使人不断地完善自己，大大提高自己的思维能力，逐渐培养起科学的思维方式。

5. 加强自身的艺术修养

艺术和科学是人类文明的两翼，艺术思维和科学思维是智能之源和创新之路。美国有关机构曾对100多名诺贝尔奖获得者进行过调查，发现90%以上的人是音乐和美术爱好者。华裔科学家李政道说过，科学和艺术是一个硬币的两面，谁也离不开谁。我国科学家钱学森则进一步地对科学与艺术新旧结合的思维过程作了具体而精彩的分析。他说："从思维科学角度看，科学工作总是从一个猜想开始的，然后才是科学论证。科学工作是源于形象思维，终于逻辑思维。形象思维源于艺术，所以科学工作是先艺术后科学。相反，艺术工作必须对科学事物有一个科学认识，然后才是艺术创作。在过去，人们只是看到后一半，所以把科学与艺术分了家，而实际上，科学需要艺术，艺术也需要科学。"

第二课 学无止境

——创业能力培养

至理名言

立志欲坚不欲锐，成功在久不在速。

——张孝祥

在希望与失望的决斗中，如果你用勇气与坚决的双手紧握着，胜利必属于希望。

——普里尼

看图悟道

想一想，创业需要哪些能力？________________________________

____

____

知识探究

创业活动是创业者在识别创业商机的基础上，应用多种创业资源实现创业目标的过程。创业是一项复杂的系统工程，它要求创业者随时解决创业过程中的技术、经济、社会关系等种种问题，因此，一个成功的创业者，不仅要有创业倾向心理的支持，而且要有解决创业问题的本领，这种本领就是所谓的创业能力。

一、市场洞察能力

创业过程需要识别创业商机，创业者必须具有敏锐的市场洞察能力。洞察能力也就是一种观察能力。尽管人人都能观察，但观察所表现出来的风格和得到的收获却可能大相径庭。有人浮光掠影，走马观花，视而不见，见而不疑，无法从观察中发现新的商机；有人却独具慧眼，见微知著，一叶知秋，从观察中悟出商机创意，发现“市场新大陆”。我们把前者称为一般观察能力，后者称为敏锐的市场洞察能力。

市场洞察是一种有目的、有计划、有步骤的创业感知活动，是在创业实践中运用观察方法与技巧获得关于被观察事物的主观印象并据此获得创业创意的过程。创业者具有的市场洞察能力，就是善于用敏锐的眼光去看（观），用创新的思维去想（察）。一个成功的创业者，在常人的心目中，似乎是因为他有什么超人的洞察力。其实，“超人”的东西是没有的，有的只是对观察对象的创业理解。

创业的机会很多，但是奇迹往往隐没于平凡之中。判断一个创意的市场价值、一项发明的应用前景、一个市场的开发潜力无一不需要敏锐的眼光。机会稍纵即逝，可是一旦抓住，它就有可能给你带来无尽的财富。

美国宣传奇才哈利十五六岁的时候在一家马戏团做童工，负责在马戏场内叫卖小食品。但是每次看戏的人不多，买东西吃的人则更少，尤其是饮料，很少有人问津。

有一天，哈利突发奇想：向每一位买票的观众赠送一包花生，借此吸引观众。但是老板坚决不同意他这个荒唐的想法。哈利用自己微薄的工资做担保，请求老板让他一试，并承诺说，如果赔钱就从他的工资里面扣；如果赢利了，自己只拿一半。老板这才勉强同意。于是，以后每次马戏团的演出场地外就多了一个义务宣传员：“来看马戏喽！买一张票免费赠送好吃的花生一包！”在哈利不停的叫喊声中，观众比往常多了几倍。

观众进场后，哈利就开始叫卖起饮料来，而绝大多数观众在吃完花生之后觉得口渴都会买上一瓶饮料。这样一场马戏下来，营业额比平常增加了十几倍。其实，哈利在炒花生的时候加了少量的盐，这样花生更好吃了，而观众越吃越口渴，饮料的生意自然就越来越好。

哈利通过赠送美味的炒花生，吸引人们前来观看马戏表演，并且由于观众在吃完炒花生后都会感到口渴而带动了饮料的销售。在这个案例中，哈利利用自己敏锐的洞察力不仅使得马戏团生意越来越好，还带动了之前冷淡的饮料生意。

二、创业决断能力

创业机会很多，但并不是任何一个创业机会都是可以付诸实施的。创业者必须从创业机会中进行分析判断，进而做出创业决策与判断。创业环境总是复杂的，在这个环境当中，政治的、经济的、文化的各种要素相互联系、错综复杂，任何方案都不是完备的和确定的，这就需要全局的战略眼光和战略决断的能力。

在今天这样一个新生事物层出不穷的时代，只有正确认识知识经济的发展规律，敏锐地分析市场的发展变化，准确地把握国家的政策法规，才能够正确地估价创业机会和创业方案。

> 不谋全局者，不足谋一域；不谋万世者，不足谋一时。
>
> ——古语

有一个名叫洛克的美国商人，有一天来到日本富士山度假。山上草木葱翠，鸟语花香，空气清新，洛克感到心旷神怡。他深深地吸了一口清晨的空气，忽然心血来潮：为什么不把这里的空气拿去卖呢？城里的人整天吸着混浊的空气，也该享受享受这里的新鲜空气了。

洛克是位锐意开拓的人，马上抓住这丝灵感，扩展出一系列宏伟的计划。他派人对富士山的空气进行理化分析，发现其中负离子特别丰富，这正是人们需要的空气维生素。

洛克非常高兴，下定决心在富士山办了一家“富士空气罐头厂”，专门生产对穷人来说简直不可思议的新产品。可是，对那些日日夜夜饱受污浊大气之苦的大都市有钱人来说，一打开空气罐头，冲入鼻腔的是一股股真实清新的大自然的气息，闭上眼睛便可尝到仿佛置于山林、田野、草地的感觉，那可真是心旷神怡的享受啊！

于是，空气罐头也大行其道。洛克生产的“富士空气罐头”不仅畅销日本市场，还出口美国和欧洲。

也许有很多人觉得空气都能用来赚钱，洛克真是幸运，但是认真思考一下，洛克仅仅只是幸运吗？当今的世界信息来源十分广泛，信息量十分庞大。如何选择有效的信息来源，如何从众多的信息中选出有创业价值的信息，这都要有洞察力和决断能力。洛克的成功正是说明了这一点。

三、网罗人才能力

任何人都不是、也不可能是全才。创业者可能是发现机会的人，可能是制订计划的人，但整个创业过程不可能由他一个人完成。一个成功的创业者，必须在潜在候选人中选择最适合的事业发展助手，比如技术专家、市场营销专家、财务主管专家等。此外，创业阶段的企业还需要企业外部机构的支持，如银行机构、风险投资基金以及一些政府机构等。因此，创业者需要具有网罗人才的能力。

如何能够更多地网罗人才，知人善用呢？这就需要具备以下几种能力。

（1）鼓舞人心的力量。每个人心中都有一颗热情的火种，许多时候需要被激发出来。充满热情是快乐工作生活的原动力，作为一名领导者，要能够将员工心中的热情激发出来。

（2）亲和力。拥有亲和力可以让我们更好地团结身边的同事、朋友，让人感觉到自己是一个值得他人信赖的人，拥有温暖人心的魅力。

（3）领导协调力。领导的任务不仅是引导人们，还包括支持和帮助他们来完成所确定的目标，作为一名领导人要协调好人员之间的关系，对任务进行统筹安排。

（4）沟通能力。良好的沟通不只是传递信息，它影响到人们工作、生活的各个方面。

（5）谈判能力。一个好的谈判者不只是能够善于讨价还价，还要能够确认双赢的计划和对方有效的沟通。

人才是最宝贵的创业资源。善于网罗人才的创业者，通常是创业成功的佼佼者。

四、创业管理能力

看准了合适的创业机会、找到了志同道合的创业伙伴、所需的资金也有了着落之后，下一步就需要创业者把自己所能控制的所有资源组织起来，具体来讲就是人、财、物的管理问题。成功的创业者必须具有创业管理能力。

创业管理能力一般包括战略能力、计划能力、营销能力、理财能力、项目管理能力、时间管理能力等。

（1）战略能力是指整体地考虑企业经营，理解如何在其市场内适应，如何能自己组织起来向顾客传递价值，以及有比竞争者做得更好的方法的能力。

（2）计划能力是指考虑未来会带来什么，它如何影响企业经营，以及为做好准备现在应做什么的能力。

（3）营销能力是指洞察企业提供的产品和服务及其特性，理解它们如何满足顾客的需要和如何使顾客认识其吸引力的能力。

（4）理财能力是指管理钱财，能够保持对支出的跟踪和监控现金流，以及根据其潜力和风险评价投资的能力。

（5）项目管理能力是指组织项目，确定特别的目标，确定工作计划以确保必要的资源在正确的时间处于正确的位置的能力。

（6）时间管理能力是指有效地利用时间，能够优先安排重要的工作和按计划行事的能力。

【学以致用】

让我来策划推销

步骤一　班级学生分为若干小组，扮演推销人员，被派往终年是冰雪的阿拉斯加推销电冰箱。

步骤二　组长负责分工，经讨论后写出详细的推销策略。

步骤三　教师扮演生活在阿拉斯加的爱斯基摩人，推销人员需成功说服教师购买冰箱的组胜出。

步骤四　每组派出几个代表，谈一谈自己此次策划推销的心得体会。

【知识拓展】

创新产生的途径

创新并不是一件神秘的事情，我们每天都会与创新擦肩而过，关键是你能否抓住创新的机会。新事物的产生和发展离不开创新，我们应该从以下几个方面寻找创新的途径。

1. 日常生活

生活是一切智慧的源泉。在生活当中我们常常会撞击出创新的火花，细心观察，一定能够找到创新。

2. 学习

我们从书本当中获取知识，获得灵感，在不断地学习中，寻找创新的突破口。

3. 研究与开发

许多人在自己的领域用自己的创意，开发出专利，如果这种专利对我们有利，如果觉得合适，可以购买专利人的专利来进行创业。

4. 网络、电视、报纸等

信息的发展日新月异，体现在传播媒介中，每天我们都要接触到这些，认真、仔细地观察，一定能够获得创新的想法。

第三课 打点行囊
——创业准备

【至理名言】

执著追求并从中得到最大快乐的人，才是成功者。

——梭　罗

人的活动如果没有理想的鼓舞，就会变得空虚而渺小。

——车尔尼雪夫斯基

【看图悟道】

想一想，创业前需要做哪些准备？________________________________

____

____

在心上，把亲戚问了一遍，最后找到了意向人。然而，台湾方面要求意向人先拿 20 万元做保证金，但意向人没有见到设备，不愿意付钱。为了促成此事，他决定自己筹钱，先把保证金垫上。当时家里知道这事后，都说他没救了，没赚钱还开口要几十万，根本不同意。他只好向朋友开口。这时，他在新加坡期间积累的人脉资源发挥了作用。他找了众多的朋友和同学，竟然凑到了 20 万元。他终于帮别人促成了生意，而他也从中赚到了 50 万元。龚伟明从中发现了商机，开起了公司，做起企业营销推广。仅两年时间，就赚到了 100 多万元。

创业要敢于冒风险，但不能盲目，只有正确评估客观风险，才能取得预期的收益效果。

6. 能够从失败中总结经验

创业是有风险的，因此失败有时是不可避免的，但失败并不可怕，可怕的是不知道为什么失败。明智的创业者能够从失败中总结经验，以避免类似错误再次发生，而且面对失败有一颗永不妥协的心。许多成功的创业者都是在屡败屡战中成长壮大并最后成功的。

聪明的人不犯同样的错误。
——西方谚语

二、创业谋略

具备了创业的素质，也具备了创业的条件后，就可以创业了。但是要成功创业，还必须明确下述创业之“道”，学会以下的创业谋略。

1. 量力而行

企业是由人才、产品和资金所组成的，自有资金不足，往往会导致创业者利息负担过重，无法成就事业。因此，创业者要有“多少实力做多少事”的观念，不要过度举债经营。企业应“做大”而非“大做”，“做大”是有利润后再逐渐扩大，“大做”则是勉力举债而为，只有空壳没有实际，遇到风险必然失败。

2. 谨慎选择

创业要选择自己熟悉又专精的行业，在项目的选择上首要原则便是“做熟不做生”，选一个自己对此业务较为熟悉的行业，在业务的开展和经营中事半功倍，同时也避免踏入一些不必要的陷阱。退而求其次，可选择一个自己非常热爱的行当。创业必须意志坚定、苦中作乐，只有将兴趣和事业相结合，才能有热情。而只有近乎疯狂的热情与挚爱，才能激励出信念，才能以此再去鼓舞团队，遇到困难才能撑得下来。兴趣更能成为距成功一步之遥时的那把助推力。

江西女孩小夏从小就喜欢毛绒玩具，在大多数同龄人还不知道毛绒玩具为何物的时候，她和妹妹就已经有了一屋子的毛绒玩具，对于玩具的痴迷最终给了她凭借玩具创业的机会。最初的时候，她和妹妹在深圳开了一家毛绒玩具专卖店，那也是深圳最早的高档毛绒玩具店之一。虽然两人从未有过经商经验，也不懂物流管理，这个童话般的创业尝试仅仅凭借独特的定位实现了盈利，并在随后以每半年一个新店的速度迅速扩充到4家店面。

“兴趣是最好的老师”，在选择行业时小夏姐妹从自己的兴趣出发，为自己的成功奠定了基础。

3. 做好规划

“稳健”是企业发展的重要要求，这需要企业不但要有短期计划，更要有稳健的长期规划。

量力而行，是创业成功的保证。所谓“本钱小做小生意、本钱大做大生意”，为的是在经营过程中不致出现现金短缺的后果。其中，本钱大和生意大之间，还应有个落差，即要有充裕的准备金，否则的话，一旦应收款收不回来，应付款又无钱可付，只能关门停业。即使开业资金充足，也必须制订合理支付的完整计划，以避免可能产生的现金短缺。

精细的规划往往针对创业过程中可能出现的困难局面而展开，从而成功规避这些潜在的风险。当身份从雇工转变为创业者之后，无论是家庭生活、社会事务、金钱支付，都要比以前复杂得多。创业者要对企业运转、雇员生活承担重任，要防止欺诈、盗窃与自然灾害，还要努力精通经营管理。作为创业者要认真思考在努力奋斗的条件下是否能够以自己的体力、见识、能力和经验去应付种种事态。以上诸项一有失误便可能招致失败。

4. 生存发展

企业应先求生存再求发展，扎好根基，勿好高骛远、贪图业绩、不顾风险，必须重视经营体制，步步为营，再求创造利润，进而扩大经营。

5. 集中力量

公司初期规模必须精简、有效率，不要一味追求表面的浮华，以免增加费用。

6. 寻求合作

创业要讲求战略，小企业更需要与同业联盟，即在自有产品之外，附带推销其他相关产品。用“策略联盟”的方式结合相关产业，不仅能提高产品的吸引力、满足顾客的需求，也能增加自己的竞争力与收益。

7. 适时规划

经营理念、经营方针及经营策略均需详细规划，提前做好准备。

总而言之，创业前应先调适心态，做好自我评估，了解自己究竟适不适合创业，一旦走上创业之路，就应好好努力，掌握各项创业原则，这样不管在何时何地，你都将是一个成功而快乐的创业家。

三、创业实务知识

1. 工商税务知识

（1）工商登记。工商登记是国家对生产经营者所行使的管理职能之一，也是生产经营者确认自身合法地位的法律程序。申请开办公司，首先提交开办公司的申请报告。报告应写明开办公司的名称、地址、组建负责人的姓名、公司性质、生产经营范围、生产经营方式、公司总金额、职工人数、筹建日期等内容。工商登记审批的最后环节就是领取营业执照。公司自领取营业执照之日起即宣告成立，标志着公司取得了法人资格，同时也取得了公司名称专用权和生产经营权。

（2）税务登记。守法经营、依法纳税是每个国民应尽的义务。为保证生产经营活动顺利进行，生产经营者需在领取营业执照之日起 30 日内到税务机关进行税务登记。

2. 经济法律知识

（1）个人独资企业。个人独资企业是指在中国境内设立，由一个自然人投资、财产为投资个人所有、投资人以其个人财产对企业再无承担无限责任的经营实体。

（2）合伙企业。合伙企业是指在中国境内设立的由各合伙人订立合伙协议，共同出资，合伙经营，共享收益，共担风险，并对合伙企业债务承担无限连带责任的营利实体。设立合伙企业必须有合格的合伙人 2 人以上，最多不超过 20 人；合伙人必须为具有完全民事行为能力的人。

3. 其他知识

除工商、税务、经济法律知识外，还有其他相关知识，如金融保险知识，财务管理知识等，需阅读有关资料进行系统的学习。

在创业初期，公司规模一般都比较小，许多人事、财务等方面的工作可以外包给社会上的一些中介机构去代理，这样不仅节省开支，而且可以得到更高水准的专业服务。

【学以致用】

创业测试

市场如同无情的战场，它对弱者的惩罚并不因为他的无知而有所宽容，想一想，创业你准备好了吗？

步骤一　准备好纸、笔，认真回答以下问题。

（1）你对主要的经济指标了解多少？

（2）你做计划和预算的能力怎样？

（3）你的财务管理知识有多少？

（4）你能否亲自进行日常管理工作？

（5）你对进货和存货控制的知识了解多少？

（6）你会进行市场分析和市场预测吗？

（7）你认为自己的市场敏锐性如何？

（8）你了解促销、广告吗？

（9）你有没有把握与员工建立良性互助的关系？

（10）你了解产品定价的知识和策略吗？

步骤二　认真对照以下标准，看看自己创业准备好了没有。

上述10个问题中，每一个问题为1~5分，如果你完全不懂，则得分为1分；如果你非常清楚地了解，则得分为5分；如果介人完全不懂和非常清楚之间，根据情况得分分别为2分、3分、4分。如果得分在45分之上，说明你已有充分准备，可以放手一搏。如果得分为35~44分的话，你可以小试一下，并就薄弱环节尽快补课。如果得分在34分以下，则说明你的创业知识储备不足，必须先补课，然后再伺机创业。

步骤三　对自己的创业准备有了一个客观的认识以后，列出详细的补习计划。例如，找一些书籍自学；到公司里打工以积累经验；或去必修一些课程，包括有系统地向个人请教。

【知识拓展】

合伙经营的好处有哪些?

1. 增加启动资本

你的创业资本是由你和你的合伙人共同筹措的。

2. 减轻风险压力

完全靠自己创建企业，压力多、风险大，不如找一个合伙人与你一起承担。

3. 优势互补，群策群力

有钱的出钱，有力的出力。有的人有专业技术，有的人有管理才能，这样可以优势互补。

请注意，在合伙经营之前，首先要想一想自己的性格是否适合与人合作。个人意识太重，主观意识太强，喜欢以自我为中心，不能够将自己的主张、资源与别人分享的人，不适合合伙经营。

你想过自主创业吗？
你对自主创业了解多少？

第七篇

千里之行，始于足下
——创业实施

第一课 一鸣惊人

——创业理念

【至理名言】

不要只因一次失败，就放弃你原来决心想达到的目的。

——莎士比亚

实现明天理想的唯一障碍是今天的疑虑。

——罗斯福

【看图悟道】

想一想，成功创业需要哪些素质？________________________________

【知识探究】

创业是一项重大的决策。对任何一个创业者来说，创业过程不仅充满了激情与憧憬、振奋与喜悦，更充满了风险与挑战、挫折与艰辛，而且由于人力、物力、财力以及社会等多方面的因素，创业失败的比例比较高，这些都必然会影响创业者的整个生活，但还是有许多人选择了自主创业。那么，到底是什么力量促使人们去走创业之路呢？哪些人更容易创业成功呢？

一、SOHO 一族

SOHO（Small Office（and）Home Office），直译就是小型办公室、家庭办公室，实际上是指自由职业或自由职业者。当然，SOHO 也代表了一种更为自由、开放、弹性的工作方式。网络时代的到来，使得 SOHO 成为人们争相追逐的时髦词汇之一。几年前，人们所说的 SOHO 一族还大多指那些专门的自由职业者：自由撰稿人、平面设计师、工艺品设计人员、艺术家等。而近两年，随着互联网在各个领域的广泛运用及电脑、传真机、打印机等办公设备在家庭中的普及，SOHO 成为越来越多的人可以尝试的一种工作方式，而它的内涵与形式也在发生变化 。

小刘是合肥某中职院校 2010 年的毕业生，毕业时，对学校推荐的工作他并不满意。于是干脆在家做起了自由职业者，准备自主创业。于是，他想到自己常常在淘宝上购物，那为什么不能自己在淘宝上开一家网店呢？说干就干，他筹集了 3 000 元钱，在淘宝上免费注册了一个网店账号，然后用筹集的 3 000 元钱到当地的批发市场淘回了许多可爱的小玩意，包括女孩子喜欢的耳环、衣服等，拍下照片，放在网上，这样一家独属于他自己的网店就正式开业了。

但是事情并不像他想得那么简单，因为以前只是在淘宝上消费过，并没有真正地接触到销售，没有销售经验，所以，光顾他的网店的人不多，而且销售量很小，眼见着别家店的货一天天地减少，他感受到了前所未有的挫败。

这时候一个朋友告诉他，不要小看了网店，任何一项经营都有自己的特点，必须知己知彼，才能百战不殆。一语惊醒梦中人，刘劲鸣将自己的眼光关注于同行，看看自己与他们究竟有什么不同，还买来了网店经营方面的书籍，这次刘劲鸣不像以前那样莽撞了，而是认真观察，看吸引顾客的因素是什么，从而更好地满足顾客的需要。同时，和同行的网店进行比较时他发现，自己的商品虽然价位低，但是档次偏低，不符合女孩子们的喜好。这一次，他认真地写了一份计划书和实施方案，然后把自己学到的经验运用于经营，渐渐的刘劲鸣的网店红火了起来，现在的他月收入 6 000 元，做了时下流行的 SOHO 一族，每天忙得不亦乐乎。他说：“在经营方面自己还有很多需要提高的地方，需要不断地学习、创新，才能在竞争激烈的网络营销中站稳脚跟。”

刘劲鸣也算是白手起家，资金少，全靠个人的热情和努力，在失败中吸取教训，不断地学习和创新，个人的自主创业有了一个良好的开始。这也是想要自主创业的人应该注意的问题。

二、创业成功的必备素质

1. 自信

凡是成功者，一定是有着自信心的，能够坚持自己的理想，并为此而不懈地努力，最终取得成功。每个人都会遇到困难，自信者与别人共处逆境，别人失去了信心，他却下决心实现自己的目标，是因为他拥有坚定的信念。心理学研究认为，自信是成功最重要的前提和条件。

2. 务实

在激烈竞争的社会中，需要企业踏实、求真务实，切忌浮夸、想得多做得少。如何才能赚钱？可以先想再做，可以边想边做，也可以做了再想，但绝对不可以只想不做。不幸的是，后者总是大多数，尤其是在学生创业群体里。创业不一定非要有宏大的高新科技项目或完善的商业计划，传统领域也是学生创业的良好土壤。商机永远在你身边，如果你够敏感而且够务实，就可以从脚边拾到第一块金，务实的态度是创业的基本出发点。

> 优秀的性格和钢铁般的意志比智慧和博学更为重要。
>
> ——爱因斯坦

宜家公司的创始人英格瓦·坎普拉德，善于观察、思考，在任何时候都能找到商机。

1948 年的一天，坎普拉德看到了一直在做家具大买卖的人的广告，心里不由怦然一动。而在这之前，坎普拉德卖的不过是圣诞卡、种子、自来水笔、相架、手表、钱包、尼龙袜等一类的东西。开始卖家具的坎普拉德同所有的零售商一样，非常注意对成本的控制。为了降低成本，坎普拉德从不惜在设计上花工夫。

以宜家的邦格咖啡杯为例，这款咖啡杯至今已进行了三次重新设计，其目的只是为了能在一个货盘上多装一些。经过三次设计后，能装数量分别为 864 只、1280 只和 2024 只。由此而诞生的自组式家具，成了宜家成功的秘密之一。这种模式如今越来越多地被国内企业家所效仿。

今天，宜家已经发展成为一个在全球拥有 180 多家连锁商店、在 33 个国家拥有 42 个贸易分支机构、与 55 个国家 1800 个供应商合作、平均每年有 1.5 亿顾客光顾、年销售额为 122 亿美元的庞大跨国企业。

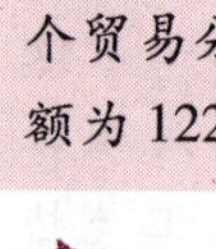

在创业中，许多人心高气傲，认为平凡的行业难以成大器，于是错过了很多机会，最终一事无成。其实，在我们身边很多企业家都是从传统行业做起，凭着务实的心，最终取得成功。

3. 知识

知识的学习是无止境的，一个人在学校里学到的知识是人生中很小的一部分，我们需要不断地充实自己，才能在竞争激烈的社会里站稳脚跟。

21世纪最重要的是人才，企业之间的竞争和较量主要是人才之间的“较量”。现代社会，知识更新周期空前加快，现有知识每年在以10%的速度更新。我们生活在一个学习型的社会里，任何人都必须不断学习，更新知识，想靠学校学的知识“应付”一辈子，已完全不可能了。只有通过不断学习获取最新资讯，才能比别人获得更多机会。要想在职场中保持优势地位，教育与培训就要贯穿整个职业生涯。

知识的不断更新是创业的基础，因此在创业时，一些毕业生对自己的学历怀有隐隐的担心，担心自己的学历不够高，其实大可不必，因为，高学历并不等于高智商。创业需要专业知识背景，但更需要探索求知，只有具备较强的工作能力和不断地学习能力，才能永远立于不败之地。

4. 勇气

无论在创业中还是在工作、生活中都需要我们具备战胜困难的勇气。

一位年轻人在杜兰特公司找到一份工作，半年后，他很想了解公司总裁对自己的评价，虽然他觉得事务繁忙的总裁可能不会理睬，但这位年轻人还是决定给总裁写一封信。他在信中向总裁问了几个问题，最后一个，也是最重要的一个问题是：“我能否在更重要的位置上干更重要的工作?”

没想到总裁回信了，他没有回答这位年轻人的其他问题，只对他最后的问题作了批示：“刚好公司决定建一个新厂，你去负责监督新厂的机器安装吧。但你要有不升迁也不加薪的准备。”随同那封回信，还有总裁给他的一张施工图纸。

年轻人没有经过这方面工作的任何训练，却要在短时间内完成任务，在一般人看来，这是非常困难的。那年轻人也深知这一点，但他更清楚，这是一个难得的机遇，如果自己因为困难而退缩，那么可能永远也不会有幸运垂青于他。于是他废寝忘食地研究图纸，向有关人员虚心请教，并和他们一起进行分析研究。最后，工作得以顺利开展，并且提前完成了总裁交给他的任务。

当这位年轻人向总裁汇报这项工作的进展时，意外的是，他没有见到总裁。一位工作人员交给他一封信，总裁在信中说：“当你看到这封信时，也是我祝贺你升任新厂总经理的时候。同时，你的年薪比原来提高10倍。据我所知你是不能看懂这图纸的，但是我想看看你会怎样处理，是临阵退缩还是迎难而上。结果我发现，你不仅具有快速接受新知识的能力，还有出色的领导才能。当你在信中向我要求更重要的职位和更高的薪水时，我便发现你与众不同，这点颇令我欣赏。对于一般人来说，可能想都不会想这样的事，或者只是想想，但没有勇气去做，而你做了。新公司建成了，我想物色一个总经理。我相信，你是最好的人选，祝你好运。”

许多看似不可能完成的任务，往往被人类完成，例如“人类登月”，这需要我们拥有战胜困难的勇气，主动出击，问题一定会迎刃而解。

5. 积极

世界上并不缺少机会，而是缺少发现机会的眼睛，发现创业的机会需要积极的心态。

有一家营运相当好的大公司，为扩大经营规模，决定高薪招聘业务员。考试题目是：想办法把木梳卖给和尚。

绝大多数应聘者感到困惑不解，甚至愤怒：出家人要木梳何用？这不明摆着拿人开玩笑吗？于是纷纷拂袖而去，最后只剩下3个应聘者：甲、乙和丙。

主试者交代："以十日为限，届时向我汇报销售成果。"

十天一到，主试者问甲："卖出多少把？"答："1把。""怎么卖的？"

甲讲述了历尽的辛苦，游说和尚应当买把梳子，无甚效果，还惨遭和尚的责骂，好在下山途中遇到一个小和尚一边晒太阳，一边使劲挠着头皮。

甲灵机一动，递上木梳，小和尚用后满心欢喜，于是买下一把。

主试者问乙："卖出多少把？"答："10把。""怎么卖的？"

乙说他去了一座名山古寺，由于山高风大，进香者的头发都被吹乱了，他找到寺院的住持说："蓬头垢面是对佛的不敬。"

"应在每座庙的香案前放把木梳，供善男信女梳理鬓发。"住持采纳了他的建议。

那山有十座庙，于是买下了10把木梳。

主试者问丙："卖出多少把？"答："1000把。"

主试者惊问："怎么卖的？"

丙说他到一个颇具盛名、香火极旺的深山宝刹，朝圣者、施主络绎不绝。

丙对住持说："凡来进香参观者，多有一颗虔诚之心，宝刹应有所回赠以做纪念，保佑其平安吉祥，鼓励其多做善事。我有一批木梳，您的书法超群，可刻上'积善梳'3个字，便可做赠品。"住持大喜，立即买下1000把木梳。

得到"积善梳"的施主与香客也很是高兴，一传十、十传百，朝圣者更多，香火更旺。

把木梳卖给和尚，听起来真有些匪夷所思，但在别人认为不可能的地方开发出新的市场来，那才是真正的业务高手。商机处处都在，在于你如何挖掘。

【学以致用】

走访自主创业明星校友

步骤一　选择本校毕业的自主创业明星校友。

步骤二　提前通过学校部门，与可采访的校友进行联络，教师将全班分为若干小组，每组均有负责人。

步骤三　设计采访方案，或通过信件，或登门访问，请他们以亲身的经历谈谈自己的感受和成长过程。

步骤四　学生写出自己的感想。

知识拓展

成功创业者的心理特征

一个成功的创业者，应该具备哪些心理素质呢？美国研究人员对一些取得成功的创业者进行了研究，归纳出他们取得成功的健康心理特征。

1. 自信

他们普遍都有很强的自信心，有时有咄咄逼人的感觉。

2. 急迫感

他们通常很急地想见到事物的成果，因此会给别人带来许多的压力。他们信仰“时间就是金钱”，不喜欢也不会把宝贵的时间浪费在琐碎的事情上。

3. 脚踏实地

做事实在，不会为了使自己舒服一点而马虎从事。

4. 崇高的理想

为了实现个人理想，他们不会计较虚名。他们生活简单朴实，必要时常常身兼数职。

5. 情绪稳定

他们通常不喜形于色，也很少在人前抱怨、发牢骚。遇到困难时，他们总是坚韧不拔地去突破困境。

6. 喜欢迎接挑战

喜欢承担风险，但并不是盲目地冒险。他们乐于接受挑战，并从克服困难中获得无穷乐趣。

7. 控制及指挥的欲望

他们通常非常执意于自己的决策，不习惯只听命于人。如果你在公司里是一个唯唯诺诺、不吭一声的人，或只是一个“虽不喜欢公司的环境，但又没有勇气辞职自创前途”的人，要成为创业者还有一段距离。

8. 健康的身体

他们通常必须在“不寻常的时间”料理事物，如果你有某种宿疾，那么你的创业之路必定布满荆棘、困难重重。

9. 广泛的知识

几乎大事小事无所不知。他们既能掌握事情全盘的来龙去脉，又能明察秋毫。

10. 超人的能力

他们能够从杂乱无章的事物中，整理出一套逻辑的构架。有时候他们作决策时会全凭直觉。

11. 客观的人际关系态度

他们为了事业往往是“冷酷无情”、“不顾情面”，给人以“大公无私”、“就事论事”的感觉。

当然，这些条件不是一蹴而就的，通过对成功创业者素质的了解，才能有助于我们走向成功之路，打开成功之门。

第二课 运筹帷幄

——制订创业计划

【至理名言】

天下之难事，必作于易；天下之大事，必作于细。

——韩 非

德不优者，不能怀远；才不大者，不能博见。

——王 充

【看图悟道】

如果你是孙悟空，你将如何规划花果山的发展？____________________

____

____

【知识探究】

一、创业计划

计划是指在工作或行动之前预先拟定的具体内容或步骤。创业目标确定并经过充分论证后，创业者就应着手制订创业计划。

所谓创业计划，就是全面、清楚地把创业构想通过一定的形式表达出来。任何一个人在创业之前，都必须对创业目标有一个科学规划和设计，创业计划就是根据创业营运原理和企业创业经验，结合自己的实际，整理出一套全面、渐进的程序和方法，以便能够分阶段、分步骤地实现创业目标。制订创业计划，把创业目标逐步分解，并分布在不同的创业阶段，使之一目了然，这样才能准确地把握不同创业阶段的不同任务，提高创业的效率。制订创业计划有其一定的意义。

（1）制订创业计划，能够科学地规划未来的事业。制订创业计划的过程，实际上是广泛调查研究、收集有关信息，汲取别人的创业经验，从而客观、冷静地从整体上审视创业构想的过程，有利于避免创业的盲目性，同时也是帮助创业者实现创业目标的一种有效方式。

（2）制订计划可以展示创业者的能力和决心。一份好的创业计划也是一个创业的可行性报告。计划的确定建立在创业者对小企业了解和调查研究的基础上，也是建立在对创业条件和能力分析基础上。计划制订的本身展示了创业者的能力和决心。

（3）制订一份好的创业计划可以增加创业的成功率。创业计划应该包括创业目标和实现目标的措施等，创业的过程实际上是实施计划的过程。制订创业计划可以进一步明确创业目标，落实创业措施，减少失误，提高创业的成功率。

（4）创业计划可以保证创业工作有序进行。创业计划反映了创业者的经营思想和经营策略，它反映了创业者对企业的心志投人。创业过程中先做什么，后做什么，都是按计划要求进行的，计划可以保证创业工作有序进行。

创业实际上是按照创业目标和创业计划付诸行动的一种实践活动。创业计划按照不同的标准可分为不同的种类。

（1）以时间为标准，可分为长期计划、中期计划和短期计划。长期计划也称作战略计划，它是对创业活动的一种整体设计，具有系统性和完整性。对于创业活动来说，具有战略性、纲领性的指导意义。长期计划主要包括实现长期目标而预先拟定的一些重要活动步骤、分期目标和重大举措。中期计划在创业的时间安排、创业活动的内容以及创业的实施步骤等方面，都体现得相对简短而具体。短期计划更能体现阶段性的特点，在时间的安排、活动内容的确定以及要达到的效果等方面都有了较为明确的规定，一目了然，便于实施。

（2）以创业的内容为标准，可分为经营计划与创建计划。经营计划，是根据创业目标和内容的要求，明确要干什么，怎么干，如何干好。它涉及企业营运实务的所有方面，将指导创业者的日常工作，以实现创业的具体目标。创建计划，是指实施创建自己的事业，把创业构想变成现实创业，并按照经营计划顺利运营。

二、创业计划书

所谓的创业计划书是指人们将有关创业的想法，通过文本的载体表现出来。创业计划书的质量，往往会直接影响创业发起人能否找到合作伙伴、获得资金及其他政策的支持。如何写创业计划书呢？要依目标，即看计划书的对象而有所不同，譬如是要写给投资者看呢，还是要拿去银行贷款。从不同的目的来写，计划书的重点也会有所不同。不过，创业计划书也有一般的格式，需要涵盖以下内容。

1. 创业计划书的三大部分

（1）从事的行业。

（2）资金情况。

（3）其他需要补充的内容，专业的执照和证书等。

2. 创业计划书内容

一份完整的创业计划书需要具备以下内容。

（1）从事的行业。必须描述所要进入的是什么行业，什么产品（或服务），谁是主要的客户，所属产业的生命周期是处于萌芽、成长、成熟还是衰退阶段，企业是独资还是合伙或公司，何时开业，营业时间有多长等。

（2）主打产品。需要描述企业的产品和服务到底是什么，有什么特色，自己的产品跟竞争者有什么差异，客户为什么要选购等问题。

（3）市场定位。首先需要界定目标市场在哪里，是既有的市场和客户，还是在新的市场开发新客户。不同的市场和不同的客户都有不同的营销方式。在确定目标之后，应该决定产品如何上市、促销，产品的定价等，并且做好市场预测。

（4）经营地点。一般公司对地点的选择没有特殊的要求，但是如果要开店，店面地点的选择需要考虑市场定位等因果。

（5）市场的竞争分析。竞争分析包括：谁是最接近的五大竞争者？他们的业务如何？他们与本业务相似的程度如何？从他们那里学到了什么？如何做得比他们好？

（6）管理办法。提出企业管理的目标和细则。

（7）人事需求。要考虑现在、半年内和未来 3 年的人事需求，并且具体考虑需要引进哪些专业技术人才、全职或兼职、薪水如何计算，所需人事成本等。

（8）财务问题。考虑融资款项的运用、营运资金周转等，并预测未来 3 年的损益表、资产负债表和现金流量表。

（9）风险估算。风险可能来自突发事件，当风险来临时要有应对措施。

（10）未来规划。规划企业 3 年后如何发展，要实现的目标是什么。企业是要能持续经营的，所以在规划时要能够从长远考虑。

如果没有极其有力的理由，创业者就不要轻易改变计划。

三、创业初期的关键问题

在企业运营的最初几个月里，由于日常事务的压力，再加上实际经验不足，创业者很容易产生再做些别的事情的想法，如增加一种产品或服务，进入一个新市场等。此时创业者应该保持坚定的信心，把自己的计划坚持3个月，通过一段时间更好地认识自己企业的模式，这会令创业者有足够的时间走出刚开始创业的盲目冲动。

创业者保持高度热情的方法包括有效安排时间（即在恰当的时间做恰当的事），从消费者的角度改进企业的产品或服务，格外重视与市场的联系。

1. 规划时间

时间是一种有限而且宝贵的资源，创业者应合理安排时间，以确保经营中的任何一个重要方面都得到良好规划。这是创业者对企业的最好投资。

在一次有关销售培训的课堂上，讲师拿出一个水罐放在桌子上，然后又将一些正好可以放进罐子里的大块鹅卵石放进其中后，问：“罐子已经满了吗？”

“是。”所有的学生异口同声地答道。

“真的吗？”讲师笑着问。然后他从桌子下面拿出一些碎石子，从罐子口倒下去，摇一摇，再加一些，再问学生：“现在这罐子是不是满的？”这回学生们不敢答得太快。最后有位学生怯生生地回答道：“也许没满。”

“很好！”讲师说完后，又从桌子下面拿出一袋沙子，慢慢地倒进罐子里。“现在罐子满了吗？”讲师又问。

“没有。”这下大家学乖了，他们很有信心地回答说。

“好极了！”称赞完之后，讲师从桌子底下拿出一大瓶子，把水倒进看起来已经被鹅卵石、小碎石、沙子填满了的罐子。“这次满了吗？”

“没有。”这次回答的人好像没有上次多。

讲师从桌子底下拿出一些盐，倒进了罐子。当这些事都做完之后，他正色地问道：“我们从上面这件事得到什么启示？”

如果你不先将大的“鹅卵石”放进罐子里，也许以后永远没机会把它们再放进去了。安排时间也应如此，要合理规划。

2. 根据需要更新计划

失去重点是小企业主面临的最大危险。创业者应该按计划行事，只有在必要时才做调整，但创业计划的主旨不应改变。为了利用机会或给企业注入新的资金而改变创业计划会给企业带来新的危险，应尽力避免。

3. 总结

成功的企业包括以下因素。

●用信息来平衡自己的直觉和预感；

●顾客的兴趣、所关心的事物高于一切；

●做好计划，在满足顾客需要的同时也获得利润；

●执行计划；

●仔细地适应变化。

为了成功和繁荣，企业必须朝着创业者觉得对自己和企业都合适的方向、以合适的速度发展。随着企业的发展，经济和竞争环境的改变，创业者富于创造性的一面会经常面临挑战。创业者的分析能力又会约束和规范他的创造性，创造出适合自己经营的业务。

【学以致用】

创业方案设计

步骤一　现有资金 1 万元，请你在下表中为一名刚毕业的中职生设计一个自主创业的方案。

现状	姓名	年龄	健康状况	学历	专业	现有资金
可行性创业方案						

步骤二　根据你设计的方案写一个简单的创业计划书。

步骤三　根据你的创业计划书写一个收益分析。

【知识拓展】

办培训班收益分析

1. 市场分析

随着社会的进步，科技的迅猛发展，分工的进一步细化，就业技能不断加强，人们对教育越来越重视，对实际操作能力越来越感兴趣。那么，大家可以尝试着围绕高考、中考、技能培训等，开设相关辅导班或者是技能特色培训班，一定能吸引较多的生源，其主要对象为初高中生、各类参加等级考试人员、高校内需要技能训练的学生等。

2. 团队构架

针对不同的知识层次，选择不同的教学团队。基本团队可为清一色师范学校毕业生。

3. 资本分析

办培训机构是一个先吸收资金后付出劳动的创业模式。对于创业的学生来说，要投入的资本是相当少的。现在以 100 名学生为例，对资本进行一次全面的估算。

（1）投入资本

①宣传单

如果按照招收100名学生来算，那么需要在招生所在地散发10 000份传单，按每份1角钱计算，那么需要投入的费用是$0.1\times 10\ 000 = 1\ 000$元。

②租用教室的费用

倘若开办的是初三辅导班，那么要租用一年的时间。按月租150元计算，一年要交$150\times 12 = 1\ 800$元。

③教师及职工的工资

以初三年级为例，开设语、数、外、物、化、政6门课程，其中语、数、外每周8节课，物、化、政每周6节课，按每节课60元计算，那么主课程老师月工资是$8\times 3\times 60\times 4 = 5\ 760$元，其他课程老师每月工资是$6\times 3\times 60\times 4 = 4\ 320$元，6位老师一年的总工资是90 720元（按9个月算）。

④资料费用和日常开销

估算为15 000元。

（2）营业额

主要是学费，按当地经济水平，每位学生一个学期的费用是900元，加上资料费，那么一年的总营业额是$2\times(900+50)\times 100 = 190\ 000$元。

（3）收益

利润 = 营业额 − 投入资本

$= 190\ 000 - 1\ 000 - 1\ 800 - 90\ 720 - 15\ 000$

$= 81\ 480$元

以上是办学投资的收益估算，这不包括寒暑假辅导班的收益部分。可行度大。

第三课 只争朝夕

——创业实施

至理名言

盛年不重来，一日难再晨。及时当勉励，岁月不待人。

——陶渊明

真正有价值的东西，不是出自雄心壮志或单纯的责任感，而是出自对任何客观事物的热爱和专心。

——爱因斯坦

看图悟道

想一想，在创业的时候应该注意哪些问题？

知识探究

创业的实施是一个动态发展的过程，它是将创业的宏伟蓝图转化为健康的企业实体的过程。创业的实施是整个创业活动的主导因素和中心环节，其他创业活动都是围绕着创业的实施而展开的，它的得失决定着创业的成败。

一、开业准备

一个新企业的诞生往往是伴随着一种创新思想的开始。在开业之前，需要做好充足的准备。

1．场地的租赁

企业必须有与企业经营范围和规模相适应的固定的营业场所和必要设施，这是企业生存和发展的物质基础和实体要素。任何企业的开办都要仔细考虑选址问题，不同的地区对于区域性限制与经营许可证的要求不同，企业在选址时必须认真调查研究。

一般的房租＝场地费＋广告费。场地费是房租、抵押金、公共事业费、房屋维修、一般装饰、保安、保险以及所有相关费用的总和。有些房屋租金比较昂贵，但其他费用的总和可能比租金明显便宜的房屋的综合费用低。一般来说，在选址上花费得多些，在广告上花费得少些，要比与之相反的做法更为稳妥。

2．设备的购置

设备是企业在生产活动中所需各种硬件装置的总称。它是企业技术和新技术具体应用的载体，是企业进行生产活动的物质基础。企业要开张经营，就必须拥有所需的基本设备。创业者要根据自己的经济实力购置必要生产设备、办公设备等。但在资金不宽裕的情况下，辅助生产设备可采取租赁或分期付款办法解决。企业设备装置状态的好坏，不仅直接影响到企业产品的数量、质量以及其他各项技术经济指标，关系到企业的正常运行和企业的经济效益，而且会对企业内外公众心目中的企业形象产生重大影响，因此，企业创办之初，选择和购置设备必须慎重地综合考虑各方面的因素，以使这种重大投入切实给企业带来明显的经济效益。对于企业所需的重要生产设备，在做出最终购置之前，要“货比三家”，实地考察设备生产厂家，考察设备的先进性、性能价格比、可靠性、节能性、环保性，尤其是售后服务等因素。

3．资金的筹措

企业的运作过程实际上也是资金的运作过程，如果企业的创立和发展的资金需求得不到保证，企业就很难顺利地开展自己的业务，因此，资金是创业得以推进的前提。开创新的企业，最大的困难就是从哪儿获得“第一桶金”。

4．人员的招聘

人员的招聘是创业的重中之重，选择合适的员工会为公司的创业增添力量，反之，不合适的员工也会导致公司经营的失败。

开业前创业者首先要招聘合适的员工，这项工作要在开业前的一个月内完成。然后就是聘用员工（包括工资谈判、签订合同等）和培训员工。招聘是一个连续的过程，包括确定招聘计划、发布招聘信息、接待和甄别应聘人员、发出录用通知书、录用备案就业登记、评价招聘效益等。招聘员工要注意下述 5 个方面的问题。

第一，准备充足。人员招聘的决策和计划的主要内容应该包含此项招聘的目的、应聘职务描述及人员的标准和条件、招聘对象的来源、传播招聘信息的方式；招聘组织人员、招聘时间、新员工进入企业的时间、招聘预算经费等。在制订招聘计划时，要把握循序渐进原则。如果匆匆忙忙、不加挑选地招进一批人，那么以后企业会面临招聘资金用尽，一时无力再招聘更有能力的人。如果急于招人缺少鉴别，就会形成一种影响企业发展的不良风格。过多的不称职人员会使企业背上沉重的包袱，而辞退过多的不称职人员会使企业的社会形象受损。

第二，发布信息。发布招聘信息是利用各种传播工具发布岗位信息，鼓励和吸引人员参加应聘。创业者要对不同的招聘对象，选择最有效的发布媒体和渠道传播信息。

第三，筛选简历。甄别是对职务申请人的选拔过程。招聘人员一般首先要审查申请表，初步筛选出那些满足最低应聘条件的人员；然后安排与候选人面谈，对通过测试的应聘者进行背景调查；再从中优选出应聘人员接受主管经理或高级行政管理人员的面谈；最后通知合格人员做健康检查。对应聘者的评估必须客观与公正。

第四，面试聘用。企业在招贤纳士的同时，必须向员工申明企业的宗旨、规章制度和员工守则、各职级的责任、生产运作的方式等，并且要与雇员签订劳动合同。

第五，录用备案、就业登记和终止或解除劳动关系备案。招用人员后，应当自录用之日起 30 日内，到当地劳动保障行政部门办理录用备案手续，并为被录用人员办理就业登记。若与员工终止或者解除劳动关系后，应当于 7 日内到当地劳动保障行政部门办理备案手续。

创业者应当在招聘后对招聘计划和过程予以总结和评价，对招聘成本的核算和录用的人员予以评估。为了适应经营环境的变化，提高竞争能力，需要不同的人员。招聘是补充人员的主要方法，也是保持组织活力的重要手段，创业者应该积累这方面的经验。

二、开业登记

创业者在各种条件准备就绪后，要向工商行政机关登记注册，然后方可开业。

开业登记有两个基本要求。一是开业者要符合国家规定的开业条件。根据《工商企业登记管理条例施行细则》规定，工商企业申请登记时，应符合下列基本条件：①有固定的生产经营场所和必要的设施；②有固定人员；③有必要的资金；④常年生产经营或季节性生产经营在 3 个月以上；⑤有明确的生产经营范围并符合国家有关政策法令。二是要备齐以下法律文件：①公司筹建人签署的申请登记书；②政府部门或主管部门的批文；③公司章程；④公司主要负责人的名单和身份证明（并附照片）。

开业登记的基本程序是：①领取并填写工商注册登记表，提交相关文件、资料，办理入资、验资手续，领取工商营业执照。营业执照分为正副两种文本，正本为悬挂式，用于企业亮证经营；副本为折叠式，用于携带外出进行经营活动。创业者如果需要进行基本建设，还需向工商局申请筹建登记并领取筹建许可证；②进行企业代码登记，刻公章，开设银行账号；③创业者要分别到国税局和地税局领取并填写《申请税务登记报告书》，领取税务登记证和各种发票，此项工作必须在领取营业执照之日起 30 天内完成；④办理各种社会保险统筹及就业证。

需要向创业者指出的是，企业一旦经核准登记，发给营业执照后，即产生了以下法律效力：①取得合法地位；②取得企业名称的专用权；③取得进入生产经营的活动权和承担的义务；④接受登记主管机关的监督检查。如果企业未核准登记，一律不准开业，不得私刻公章、签订合同、注册商标、刊登广告，也不能在银行以企业名义设立账户。

三、企业运作

企业运作分为内部运作和外部运作，内部运作包括以下 3 个层面。

①企业的基础功能运作技术和开发、生产管理和销售管理 3 个功能，是企业从产品或服务的产生到在顾客那里实现效用的过程，解决企业做什么的问题，或者靠什么生存的基本问题。

②领导实践、人力资源、结构和流程 3 个功能，是关于确保产品能够做好，并在一定的生产成本、公关成本和人力的条件下完成，以确保企业通过产品和服务的销售得到的收益与这些成本间有一个令人满意的利润，这个层面的企业活动或功能回答了企业怎么做的问题，解决企业在中短期发展扩大的需要。

③企业文化和远景、使命、策略，这是相对于经济基础的上层建筑，是关于企业长期发展的方向和策略的问题，以及如何确保实现这一目标的企业文化建设的问题，回答了企业是否能够十年快速成长的问题。

外部运作有 4 个方面，分别是市场导向、评估控制、顾客服务和公共关系，分别回答了企业为谁服务和用什么来服务、如何确保企业员工所做的一切与顾客的需求是一致的，同时与企业的目标也是一致的，怎么确保顾客服务的质量并因此得到顾客的奖赏和长期的支持、企业的行为与股东的利益是否是一致的，与政府和社会的要求和期望是否是相符合的。

四、有效管理

有效管理对公司的稳定发展非常重要，一个成功的管理者需要有较强的凝聚力，能够让团队拥有共同的理想和目标。同时，有效管理要把工作重点放在类型性问题的思考、流程的设计与训练上。此外，一个成功的管理者还要意识到细节管理的重要性。

海恩定律清楚地说明了细节的重要性，他认为：每一起严重事故的背后，都有 9 次轻微事故、300 起未遂先兆、1 000 起事故隐患。这说明所有的安全问题，都是由于不重视细节所造成的。管理是关注过程，而不仅仅是结果，紧抓工作过程中规定动作的执行才是管理的核心。

学以致用

模拟创业实施

步骤一　总结出创业的“几步曲”，写在纸上。

步骤二　全班分为若干个创业团队，在组长的带领下，讨论出希望创业的行业。

步骤三　分工明确写出创业计划和实施方案。

步骤四　按照计划中的安排准备注册公司需要备齐的材料。

步骤五　由教师评出创业实施比较出色的小组。

知识拓展

创业需要注意的细节问题

1. 近水楼台先得月

有的学生走出校门便开始创业，有的学生工作几年累积足够的经验后才开始创业，但很多都是与自己所学专业相关，在自己擅长的专业领域内累积的经验和资源是最大的创业财富，要善于利用这些资源，以便近水楼台先得月。

2. 寻找合作伙伴

刚刚走出校门的学生，或是刚开始创业的人，常常苦于没有资金，这个时候你就需要寻找一个合作伙伴，但要谨记在寻找合作伙伴时要志同道合、互相信任。同时，与合作伙伴之间的责、权、利一定要分清楚，最好形成书面文字，有合作双方和见证人的签字，以免引起纠纷时空口无凭。

3. 了解相关政策

政府部门有很多鼓励创业的政策，对自主创业的学生给予支持和鼓励，在创业时一定要用足这些政策，这样可以大大减少创业初期的成本。

4. 胜不骄、败不馁

当你收获第一桶金时，会觉得所有的艰辛都是值得的，这个时候你会有胜利的喜悦，但是要切记不要被胜利冲昏了头脑，要保持清醒，继续前行；同样，如果你失败了，也不要气馁或立即放弃，再坚持一下，阳光总在风雨后，也许在荆棘之后，就会走上通往成功的康庄大道。

从成功人的身上，
我们能学到什么？
今后我应该怎样做？

第八篇

他山之石，可以攻玉
——案例分析

至理名言

春天不播种，夏天就不生长，秋天就不能收割，冬天就不能品尝。

——海　涅

看图悟道

想一想，为什么观音大师的小篮子比悟空的金箍棒厉害？________________

____

____

【知识探究】

一、转变观念，自主创业

王磊是某中职学校烹饪专业2004年的毕业生，走上工作岗位后的短短8年，他已经成为当地有名的企业家，固定资产200万元。中职的学习经历不仅教给他知识和技能，也教给他新的观念、新的思维方式，这一切让他受益匪浅。

2001年王磊和他的同学一起参加了河北省的中招考试，遗憾的是他以10分之差，止步重点高中，当时的王磊面临两个选择，一是花高价进入重点高中借读，二是报考中等职业学校学习一门技术。王磊的父母坚持花高价让他进入重点高中借读，希望他能够考上大学。而这个时候的王磊已经有自己的主意了。“上中职!”这是王磊心中最为坚定的念头，父母很生气，觉得只有上高中、考大学才是正确的道路，但是拗不过倔强的王磊，只能把他送上了开往某中职学校的列车。于是，王磊在自己喜爱的烹饪专业开始了3年的刻苦学习。在校期间，他曾代表学校去参加全省中职烹饪专业的比赛，并荣获了冠军，在他还没有毕业的时候，就已经被好几家星级大饭店预约了。毕业后他选择了一个发展前景最为乐观的饭店就职，月工资达到4 000元，这让很多同学羡慕，父母也感到光荣，认为自己的孩子有出息了。

在父母为王磊刚松了一口气的时候，他又在经历激烈的思想斗争。星级饭店固然工资高，劳动条件优越，但自己施展才能的机会很少，只能每天按要求完成任务，与自己的奋斗目标差距很大。他想自己创业，在市场经济大潮中有一番属于自己的事业。于是他把自己的想法告诉了父母。父母很不理解，多少人羡慕的工作不要，反而要自己去吃苦，找罪受。但是他们了解自己的孩子，王磊下定决心的事情，别人很难改变，他们只能支持他，并暗暗为他捏了一把汗。

王磊深知苦干、实干是创业成功之本，他盘下来一个小饭馆，小饭馆的规模不大，只有一个员工，许多活都需要自己亲自干，半个月下来，王磊已经感到筋疲力尽。看看以前的同事们班车接送、进出星级饭店，而自己需要每天天不亮就起来，一干就是一整天，店里从采购、进货、初加工、切配全要自己过问，稍有失误，经营运转就出现问题。除此之外，他还要参加柜台站位或是跑堂工作，营业结束以后还要进行卫生大扫除和餐具消毒，真正品尝到创业经营的艰辛。为此，他曾几次闪过退却的念头，但是他暗自告诉自己：一定有方法在竞争中脱颖而出。他认为现在的餐馆竞争激烈，到处都是，没有特色就不可能成气候，他意识到，餐馆的特色无非是“吃什么，摆什么，叫什么，引什么”，即菜肴主食的特色、建筑装饰的特点、餐馆字号的内涵和主要吸引什么类型的顾客。现在的快餐很时兴，随着时代的发展人们生活的节奏越来越快，快餐符合现代人的需求，同时也受到年轻人的喜爱，于是王磊转变了经营理念，重新将店面装修，还为饭店起了个新颖的名字。渐渐地，快餐店走上了轨道，几年下来，已经在当地发展出8家分店。

几年的创业历程是艰苦的，企业由小到大，包含着失败的痛苦，成功的喜悦，现在的王磊已经有了好几家分店。但是他的脑子又开始“不安分”了，他又在转换思路，想另辟蹊径，不断发展。

启示录

到目前为止，王磊的发展经历了多次观念的转变，本案例中提到的在初中毕业后的两难选择，王磊没有按照大多数人的思路走，而是看准了职业教育的无限前景，果断地选择了在中职就读，为他的成功埋下了伏笔。第二次，当许多人都认为他应该在舒适的工作岗位上继续发展的时候，他自己另立门户，创业的过程经历过痛苦和失败，但他始终坚持，用自己的观念改变自己的人生，所以他成功也是必然的。第三次，当他的餐馆逐渐走上正轨的时候，他却又一次转变观念，开起了快餐店，现在的他又在为自己的未来做新的规划。

创新的思维成就了王磊，但是不可忽视的是，创业中的艰辛也磨炼了他的意志，他坚持了自己的理想，不断创新，不断发展。对人生道路的选择，王磊有着比同龄人更宽阔的思维，他看到了职业教育的广阔前景，他看到了锐意进取的硕果，他抓住了市场、抓住了机遇，同时学会了如何包装自己的公司，而这些都会成为他人生的宝贵财富，比金钱重要得多。

李嘉诚在总结自己的创业成功经历时说：“20 岁前，事业上的成功 100% 靠双手勤劳换来，20 岁到 30 岁之间，事业已经小有基础，这 10 年的成功，10% 靠机遇，90% 靠勤奋，之后机会比率渐渐提高。当然，如果没有个人努力，机会来了也会跑掉的。”

从这个意义上说：坚持到底，不断地引进新思想，开拓自己的视野，是成功创业的必备条件。

二、把握商机，看准市场

王芳是某中职学校园林专业的学生，她的创业经历在当地被人们津津乐道，这个只有 25 岁的小姑娘，已经是 6 家连锁精品店的老板了，固定资产达到 100 多万元。说起王芳的创业经历可以说是处处有商机。

中职毕业后，她在一家鲜花店打工，花店的店面不大。老板看王芳为人忠厚老实，就常常让她带领其他员工照看花店的生意，对于老板的信任，王芳的心里充满了感激，所以工作更加敬业，虽然每个月只有几百块的工资，但王芳依然尽自己最大的努力来工作。花花草草一直是王芳的最爱，如今终于能和花草打交道了。王芳不仅虚心向比她早来的姐妹们学习鲜花护理、插花艺术，而且还特别留心女老板的经营之道。但是由于花卉市场竞争激烈，王芳所在的花店就因为经营不善而倒闭了。当天晚上，王芳躺在床上久久不能入睡，她想不通一个曾经如此辉煌的鲜花店，怎么说倒闭就倒闭了呢？这到底是什么原因？她想首先是市场饱和、供大于求，激烈竞争，造成了鲜花店经营困难。其次是女老板铺得摊子过大，造成入不敷出。如果女老板能把花卉苗圃卖掉，直接去批发花木出售，最起码不至于亏损。如果再把鲜花店的 8 名服务员，换成钟点工，在生意忙时按点付酬，没有生意时放他们回家，岂不节约一大笔开支？如此一来，鲜花店起死回生是不成问题的。想到这里，她感到非常兴奋。她当即找到女老板希望接手这个花店，女老板看她是个干事业的人，就同意了。

王芳接手鲜花店后，只留下了一个要好的姐妹给自己打工。她骑着一辆自行车，头顶烈日每天骑车上百公里，终于以较理想的价格与郊区的一些鲜花种植基地谈妥了合作事项。

事实证明，鲜花店的客户资源确实是一笔不菲的财产。转眼到了国庆节，各大单位庆贺节日都要摆放鲜花装饰，以前建立合作关系的老客户，纷纷前来订货，王芳忙得不亦乐乎，她紧急招聘了10名钟点工，雇了6辆货车到市郊拉送鲜花，一个国庆节下来，她轻轻松松赚了1万多元。一天，一位老顾客在买花木时抱怨说："唉，这花好看是好看，就是不好养，在你们这里这花木都水灵灵的，可一到家没几天就蔫了。"说者无意，听者有心。王芳想：是啊，许多人都不懂得如何养花护花，一些很名贵的花卉由于买花人不懂得养护知识，买回家没多久就死了。如此一来，许多买花者的积极性受到了挫伤。何不为顾客提供"免费花木护理服务"呢？这样既解决了养花的后顾之忧，又能提高自身的竞争力。想到就做，王芳随即又聘请了一位有经验的养花工，每天义务为花店的客户提供免费花木护理。这一项措施推出后，受到了养花户的普遍欢迎，来她这买花的人一下子就多了起来，当月的营业额就翻了两番，一年下来，她轻轻松松赢利7万多元。但她并不满足，她要继续寻找新的商机，扩大自己的店面。只有不到10万元的初始资金，这让王芳在选择上有些受限制，但是很快，她就发现了一次新的商机。

一天，王芳办事经过一个制伞厂，看见厂门口许多职工在摆摊卖伞。五颜六色的雨伞撑满了街道两边，像一朵朵盛开的鲜花煞是好看。王芳禁不住看呆了，她还以为是伞厂在举办什么促销活动呢。上前一问情况，才听一位卖伞的大嫂叹着气说："伞厂倒闭了，厂子里半年多时间没给工人发一分钱工资，没办法只好给每个工人发1 000把雨伞，以每把2元的价格顶工资呢，你说这么多的雨伞让人上哪儿去卖呢！"这么漂亮的雨伞，才2元钱一把，在商场每把伞少说也得六七元，如果自己把这些雨伞倒卖出去肯定能大赚一笔。

她首先想到把雨伞批发给商场，可这些日常用品，各大商场早有固定的供货渠道，要能批发出去，还能轮到她这个门外汉吗？也许是福至心灵的缘故，"雨中送伞"这个古老的成语闯进了王芳的脑海。对，专在下雨的时候，把伞卖给那些没带雨具的人，肯定能行。想到这里，她禁不住为自己的想法叫好。她找到卖伞的大嫂，让她先送100把雨伞过来。随后的日子，王芳特别留心天气预报。

机会终于来了。俗话说得好："六月的天，孩子的脸，"六月一号那天下午，天气骤然突变。王芳赶紧穿上雨披，发动摩托车，戴着一大捆沉甸甸的雨伞，风驰电掣地向少儿游乐中心驶去。她心想今天是六一儿童节，许多家长带着孩子出来游玩，出来时天气晴朗，许多父母肯定想不起带雨伞。10分钟后，王芳来到儿童游乐园时，天空也噼里啪啦地下起了雨点，一时间毫无准备的父母们带着孩子四处躲雨。正在他们惊慌失措的时候，王芳从容地打开了一把漂亮的雨伞叫卖起来，人们蜂拥而至围了个水泄不通。只是一眨眼的工夫100把雨伞便被抢购一空，每把雨伞她卖了7元钱，前后不到一个小时的时间她就轻轻松松地赚了500元钱。她暂时把鲜花店交给妈妈代管，立刻联系这个伞厂批发雨伞。雨伞进回来后，王芳一下子变成了个气象迷，每天到晚捧着个半导体收音机，时刻关注着人民广播电台的《天气预报》节目。只要一听到天要下雨，心中就感到异常的兴奋。因为对她来说，老天爷下雨就等于在给她下钞票呢。她还是用经营鲜花店的理念，雇佣钟点工，机遇总是垂青有准备的人，王芳抓住夏季易下暴雨的商机，在6月到10月短短4个月内，净赚4万多元。

有了这几万的资金，王芳又把自己的鲜花店扩大，加入了精品的销售，并且引进了许多具有民族特色的装饰品，这下吸引了城市里许多的白领女性，成为品位高、特色鲜明的精品店，随着店面的不断扩大，王芳又在其他的地方开设了分店，并不断地在生活中发现商机。现在的她，自信、美丽，成为许多职业女性的偶像。

用她自己的话说："机会也许就在你身边，请伸出你的手留住它。"

启示录

创业需要机会，而机会要靠发现。创业机会无处不在，关键是要靠发掘。创业的根本目的是满足顾客的需求，而顾客的需求在得到满足前就是问题。寻找创业机会的一个重要途径是善于去发现和体会自己及他人在需求方面的问题或是在生活中的难处。

成功的企业家都知道，企业只有令顾客满意、帮助顾客解决问题才能赚钱，王芳深谙这个道理，不断地在顾客的需求中发现新的商机，用适当的价格、方便的途径向顾客们提供他们想要的商品。

市场经济的发展，尤其是信息社会的来临，引起了社会的快速变化，为创业者创造了大量的机遇。

发现创业机会虽然不是一件容易的事，但也不是高不可攀的，创业者可以在日常生活中有意识地加强实践和锻炼，培养和提高这种能力，开阔自己的眼界，增长见识，努力做好每一件事，不拘一格，出奇制胜。

三、发挥专业优势，自主创业先锋

毕业于某中职学校的王刚，毕业后由单位推荐到某林业公司工作，父母觉得很满足，能够有这样一个机会真的是难得。

王刚是一个土生土长的农家娃，靠着自己的勤奋苦学，掌握了扎实的专业知识。可是，王刚却对土地情有独钟，于是24岁的王刚向单位递交了一份辞职报告。对于他又回到家乡的做法，同事们很费解，既然这样为什么当初还要考学呢，干脆在家直接种地得了。关于王刚的闲话，传回了家乡，家乡的人们也纳闷，父辈们在地里辛苦了一辈子，你好不容易走出去，却硬要回来，当农民闲言碎语不断。有的说白读了十几年的书；有的说没出息，混不下去了才回来；更有人猜测他可能在外面犯了错误被单位开除了。面对这些，王刚没有退缩，"唯一能做的就是把地种好，干出点名堂，才能证明我的选择没有错。"

他认真地考察自己家乡的土质，从省城请来专家对土地进行测评，结果显示适合种植梨。

种梨首先要选好品种。为了选好品种，他和父亲先后到了湖南、北京、郑州、山东等地，引进几十个优良品种进行试种，最终确定了发展大果水晶梨。王刚承包了300亩荒地，开始他种梨的梦想。他相信凭借自己扎实的专业知识，只要能吃得苦，一定可以获得成功。

要把300亩荒坡改成梯地，做起来并不容易。清理出碎石杂草，打下近3万个两尺见方的窝子，还要按窝施肥等，其艰苦程度可想而知。他每天坚持天不亮就起床，天黑才回家。为了提高效率，他干脆在园地里搭起简陋的窝棚，吃住在园地。冬天，寒风刺骨，双手双脚长满了冻疮；夏天，烈日当空，背上被太阳晒脱了一层皮，晚上，蚊子嗡嗡直叫，让人难以入睡……一年的辛勤耕耘，他终于掘到了第一桶金。2007年，果园首次挂果，喜获丰收，1.5万多公斤梨带来了五六万元的收入。"穷山坡上结出了金果子！"乡亲们被眼前的事实震撼了。

当一家人分享着创业带来的甜蜜果实时，王刚没有忘记还在贫困线上挣扎的乡亲，他动员乡亲们也来种梨。然而，乡亲们多年靠山吃山，手里哪有多余的闲钱？有的人担心自己没有技术种不好，有的人心疼自己的血汗钱，害怕收不到效益，钱打了水漂。看到这种情况，王刚主动与4 560户村民签订了“三包”协议：为村民无偿提供种苗；成活率低于95%的，他补偿；种植期间技术管护，他提供；果实成熟后，他收购。包成活、包技术、包回收的“三包”，让村民的心踏实了。

在镇、村的大力支持和协助下，2010年年底，梨苗种植面积达到了7 500亩。从此，王刚家的电话也变成了乡亲们咨询技术服务的热线电话。王刚在中职期间认真学习的知识有了用武之地，现在王刚不但自己富裕了起来，也带领全村人民富裕了起来，成为相亲们口中教育孩子的好榜样。

启示录

案例中的王刚是发挥专业优势，自我创业并带动全村创业的典型。由发挥专业优势而创业是人们首选的创业之路。中职生所学专业都经过了系统的知识学习、技能训练、实验实习，甚至是顶岗实训，这些都为年轻人创业打下了坚实的基础。

发挥专业优势创业，应注意：要把所学知识与实践结合，把在学校中学到的知识通过自己的实践，重新再学习、再提高，把知识变成有效解决问题的综合能力，同时还要在实践中创新，注意在实践中继续学习，不断提高专业知识和技能，始终保持专业优势。

知识的学习是永无止境的，一个人在学校里学到的知识只是人生中很小的一部分，创业需要专业的知识背景，但更需要探索知识，只有具备较强的工作能力和学习能力，才能永远立于不败之地。

四、增强服务意识

张宏亮是江西省某中职学校机电专业的毕业生，如今，他已经成为江西省×县远近闻名的青年个体户，被人们尊称为“维修大王”。

2003年中职毕业的时候，张宏亮开始思索自己的未来，做什么呢？有一天，他在街上行走，看着路边各式各样的广告牌，他忽然想到：为什么不发挥自己的专业特长开一家机电维修店呢？想到这里他很兴奋，回家之后，他把自己的这个想法和家人商量了一下，家人也很赞同他，既然学了这个专业知识，就不能荒废了，既然张宏亮有这么一个创业的决心，那何不支持他呢？

张宏亮很感激家人的支持和鼓励，于是开始着手市场调查，这个时候的张宏亮，天天不是往街上跑就是深入农村，搜集信息，分析市场。他认为现在几乎每家每户都有电风扇、洗衣机等电器，尤其是在农村，有专业知识的维修人员比较少，大多数的维修人员都是半路出家，有的时候人们为了修电器还得专门进城，来来回回很不方便。

张宏亮筹集了一部分资金，在××镇开了自己的第一个维修部，最初的几个月只有零零星星的生意，几个月后，他意识到不能这样等着顾客上门，应当主动上门服务。于是，他打出了联系方式，亲自“出诊”。一次，该镇有一位养虾老板从外地购回了15台增氧机，当投放到两口虾塘使用时才发现，所购的产品全是不合格的，不能供氧，眼看虾苗将缺氧窒息而死，养虾老板愁眉不展，这个时候他想起了张宏亮，赶紧拨打了张宏亮的电话，接到电话时，张宏亮正在因病打点滴，但是听到老板面临的困境，他顾不得自己的身体，赶紧带着维修部的几个人前去抢修。为了保证虾苗不因缺氧而死，他们修好一部机器，就投入使用一部，连饭都顾不上吃，终于将 15 台机器全部修好，使老板挽回了 20 万的损失，可这个时候的张宏亮却由于体力的严重透支，昏了过去。他的这一举动，感动了很多人，大家都说张宏亮这个人老实厚道，这样人们的口碑成了张宏亮最成功的广告，一传十，十传百，附近的很多水产养殖户都与张宏亮签订了合同，现在的张宏亮在许多村镇开设了自己的维修点，创业近 10 年，张宏亮已经累积了资金 50 万元，而他的个人信誉成为他最有力的名片。

启示录

诚实守信，为人厚道一直是中华民族的精神瑰宝，案例中的张宏亮，就是用这种精神打动了顾客，他秉承着一颗服务顾客的心，一心一意为顾客服务，顾客自然对他大加赞赏，同时也成就了他的事业。有句话说得好："做生意说到底就是做人，人做好了生意也就做好了。"正是凭着诚信经营，张宏亮的生意伙伴越来越多。创业的过程是一个艰难的过程，在创业中，诚信做事，宽厚待人，就一定能够获得成功。

五、团队精神成就创业明星

杨林的图书出版公司已经成立 6 年了，这个由中职生创办起来的公司，经过几年的成长，现在的销售规模每年以一倍的速度快速增长，已经成为山西省的著名企业，杨林也因此成为山西省一颗耀眼的民营企业之星。谈起成功的秘诀，这位固定资产 500 万元的老总说："员工是企业发展的财富，团队精神成就了我。"

2006 年杨林毕业于山西省某中职学校师范类专业，可是他不满足于上下课、寒暑假的悠闲生活，他想成为一个成功的企业家，于是他开始了市场调研，最终决定创办图书出版公司。创业初期困难很多，但是让杨林感动的是，公司的员工对他始终是不离不弃，说起这些帮助他"打下江山"的员工，杨林一脸的感激，公司创业初期的很多员工都是杨林在职业学校的同学，他们也怀着和杨林一样的梦想，因为杨林在校读书期间就表现出不凡的领导力，所以员工们很信任他，相信只要跟着这个老板就一定能获得成功，于是图书出版公司在每个员工的共同努力下，创业、发展、扩大，现在已经成为拥有 50 个员工的企业，固定资产 1 500 万元。

杨林制订了公司发展远景和战略目标，他将经营理念、行为理念、服务理念、生存观、发展观、价值观等概括起来用 12 个字来表述，即负责、协作、学习、创新、诚信和奉献。这 12 个字作为团队精神的核心，要求全体人员都认真践行。这 12 个字的含义如下。

"负责"即对企业、对员工、对社会负责。企业要对员工负责、员工要对企业负责；企业要关心员工的工作、生活，努力为员工营造和谐的工作环境、生活环境、学习环境，员工要努力搞好企业的生产、为企业多作贡献；此外，不论是企业还是员工都要为社会负责。

“协作”就是要相互配合，在充分发挥每一个人的才能和智慧的基础上，相互之间要有合作意识、配合意识，而且要做到每一名员工的才能、智慧要服从和服务于企业的总体目标的实现。

杨林把学习、创新放在重要高度。认为“学习”是企业和员工的终身任务，要全力打造学习型组织，倡导员工勤奋学习，鼓励员工提高技术和业务水平，造就员工终身就业能力。“创新”即服务创新、技术创新、管理创新、组织创新，这是公司持续发展的永恒主题，要在这 4 个方面不断探索，员工要不断在这 4 个方面有新的作为。

他们把“诚信”作为经营理念，认为它更是每一名员工做人的标准，在经营活动中要做到诚实守信，守法经营，在客户和社会上树立起良好的信誉，增加企业的知名度、美誉度；每一名员工更要做到诚实守信，忠诚于企业，服务于企业，努力成为企业的忠诚卫士。“奉献”即企业要为社会多做奉献，员工要为企业多做奉献，始终把奉献作为自己的社会责任。

启示录

一个企业的生存离不开优秀的员工群体，而企业的发展则需要科学技术和独特的企业文化的有机结合，这种企业文化的实质和核心就是“团队精神”。团队精神始终渗透在企业的管理思想和各种制度、方法和习惯之中，使企业全体员工结成“命运共同体”。员工与企业之间保持着深厚的“血缘关系”，人们对企业坚持忠诚，信奉“家规”，为企业这个“家庭”不惜牺牲个人利益。

案例中杨林的成功正是企业中每个员工共同努力的结果，团队中的每个人都朝着一个共同的目标努力和奋斗，继而发展成一种企业的精神不断地传承下去。

六、找准项目，实现梦想

2011 年毕业于某中职农林学校计算机专业的小黄，在家乡浦城县创建了一个既有农业、林业，又有鸡、鸭、鱼等养殖业的综合生态农场，在自己实现致富的同时带动了多户农民创收。2012 年 2 月 28 日，小黄与某师范学院的创业团队签订了合作合同，以其创新的运营模式与技术入股，准备在福建周宁县创办一个新生态农场。

小黄从小学起就喜欢看央视农业频道的《每日农经》《致富经》和《聚焦三农》，每天晚上 9 点准时守在电视机前观看，梦想以后能从事养殖行业。即便在就读计算机专业之后，也时常去学校图书馆研究农业方面相关知识。

2010 年秋季，小黄通过当地团县委和林业局的帮助，开始在老家筹备农场。“读了十几年书竟然还要回来当农民？”一时间，此举引起了当地村民的不解和议论。

“说实话，当时我很害怕失败。如果失败了，相信很快在当地就会成为笑柄。”小黄说，后来他静下心来考虑了一段时间，既然选择了这条路就不能怕失败。

刚开始建设厂房的那几个月，小黄时常感觉到体力不支。

“当时厂房二区开工建设，厂房一区加紧内部保温室内材料布局，厂房二区从前期设计到购买详细材料全部由我自己统筹，鸡苗又提前运到，这几件事夹杂在一起，简直累到坐着都能睡着的状态。”小黄说。

除了厂房建设外，小黄还向当地农民租了 11 亩地，自己和 3 个雇工将所有土地翻耕了一番，插秧种上了稻谷。4 个月时间，农场建设总算完成，而这个身高 1 米 64 的闽北小伙子体重从原本 108 斤降至 88 斤。

眼看就要到农场住所，小黄突然叫住了记者。他解释说，做生态养殖业最关键的是卫生，如果有外人进来，都必须先清洗鞋底，以避免外来细菌带入引发病疫。

小黄的生态农场分为种植区、育雏区、放养区和水田混合种养区。与其他农场不同的是，生态农场遵循生态循环法则形成简单立体的短生物链循环种养模式，让物质和能量在这个体系中得到最大利用。他解释说，比如将种植区生产出来的禾本科草料给鸡、鸭、鹅、鱼吃，然后再将鸡、鸭、鹅、鱼排出的粪便进行再利用——直接投给鱼吃或作为养蝇蛆的原材料，剩下的粪便留作种植区植物的养分供给。

生态放养可以让鸡、鸭、鹅等在这些环境中有充分的活动空间，并自由觅食，让其更健康，但也存在不少风险。在小黄农场的水田混合种养区，经常有野猪出没破坏作物的生长，也让水母鸭受了不小惊吓。

2011 年 8 月，一场“苗柏”台风带来了强降雨，小黄的种养区旁边的小河水势大涨，1 000 余只刚养了不到 20 天的水母鸭被冲散了，如果这些水母鸭没了的话，将至少损失 6 000元！对于刚刚起步的小黄来说，无疑是一笔天文数字。刚收拾完鸡场的小黄来不及带任何雨具，冒着密集的雨点儿，一头就扎进暴雨中从上游往下游开始找寻。终于，20 分钟后，小黄在离种养区 2 公里处河边看到了站在田埂上那群充满无助神色的鸭子。

除了“天灾”外，“病灾”也骚扰着农场。2011 年 9 月 20 日，可能由于天气变化过快，导致“新城疫”（亚洲鸡瘟）的出现，小黄的农场 6 只土鸡死于同一特征：头部发紫，粪便显绿色，解剖发现肠子出血，肝脏坏死。而这些鸡都是在凌晨挣扎中死亡的，同时又符合“霍乱”（又称“巴氏杆菌病”）症状。到底是怎么回事呢？他请教了当地一位动物医学专业毕业的学长，而用药之后，只是控制了其中部分土鸡，并未完全控制病情。第二天，小黄就提着病鸡和死鸡找到了当地“土鸡王”——从业多年的“石碑土鸡合作社”社长刘云仕，病疫总算得到控制。渐渐地，农场订单开始多了起来。2011 年 7 月 12 日，一个从福州做食品加工的商人在小黄农场观察了一周后，并和他签下了创建农场以来最大一笔订单——7 500 只水母鸭！88 天后，这位商人过来取货，对小黄养殖的鸭子非常满意，原定 35 元一只的价格，提到了 37 元。这笔订单的销售额近 30 万元，这一单便可有 8 万余元的盈利。小黄说：“农村有丰富的资源，是一片广阔的天地，有许多创业机会，只要精心准备，找准项目，不难找到属于自己的舞台！”

启示录

案例中的小黄，为了自己的梦想，在大家质疑的眼光中，努力经营着自己的农场。期间遇到了许多之前难以预料的困难，但是他坚持了下来，一直以来的信念支撑着他，使他坚强、勇敢地面对挫折与失败，最终走向了成功。

“有志者事竟成”，拥有坚定志向、意志坚定的人才能成就一番事业，创业路上的困难、挫折甚至是失败是每一个创业者不可回避的问题，当创业者面对困难的时候，必须有足够的勇气和坚定的信念。

七、有勇有谋，成就自我

说起王浩，湖北省某中职学校无人不知，无人不晓，2010 年 11 月，王浩被母校——湖北省×××职业学校评为“创业明星校友”。在建校 30 周年的活动中，王浩代表校友们，向仍在学校读书的同学们提出了殷切的希望。

王浩中职毕业后，被分配到当地的一家单位做会计工作，工作几年后，他渐渐觉得以前学习的那些知识已经不够用了，于是他坚持自学，一步一步考到了注册会计师。天高任鸟飞，海阔凭鱼跃。日复一日，一成不变的工作已经不能给王浩带来任何的挑战性，于是他毅然地向单位递交了辞呈。

离开原单位的王浩，准备去北京闯荡，大城市的机会多，挑战也多。来到北京后，凭借着自己的注册会计师证，王浩很快找到了工作，得到了领导的赏识，如果仅仅是这样，那他也不会成为人尽皆知的创业明星。考取律师资格证是一次很偶然的机会，一个儿时的朋友，在外地工作时与单位签订劳动合同，但是黑心老板在合同上做了手脚，一次事故后，这个朋友失去了双臂，没有得到应有的赔偿，还被单位开除了。这件事给了王浩很大的刺激，他开始意识到，很多人由于不懂法律，而有苦难言。如果有一个律师事务所能够为他们提供法律援助，那也是一件好事，于是，他报考了中国政法大学的夜校。他刻苦学习，用了 3 年的时间终于通过了司法考试，他立即找到某律师事务所实习，实习期间，他认真地向单位的同事们学习。公司老总见他如此努力，实习后就邀请他在律师事务所共同拼搏。对于这个机会，王浩很满意，也很珍惜，不到 5 年，他就成为该律师事务所小有名气的律师。后来他和朋友开办了自己的律师事务所，几年来，律师事务所快速发展，他实现了自己的理想。近年来，竞争越来越激烈，王浩想着如何让自己的律师事务所在竞争中脱颖而出，他坚定自己的理想，为农民工讨回工资，这件事，被媒体争相报道，他的名字也走进了千千万万人的心中。对于许多农民工来说，王浩持着一把正义之剑，保护他们，成为人们心中的“一代大侠”。

谈及自己成功的经验时，王浩说：“对待未来首先要明确自己的目标，你想要的是什么？然后围绕这个目标提出可行性的计划，有勇有谋才能成就自我。”

启示录

案例中的王浩便是这样一个有勇有谋的人，他对自己的人生有一个很明确的规划，他很理智，时刻都知道自己要干什么。

市场经济的发展，尤其是信息社会的来临，为创业者创造了大量的机遇。那么，怎样才能抓住机遇呢？这就需要创业者既有战胜困难的勇气，又有抓住机会的谋略。有勇有谋，才能百战不殆。

【学以致用】

总结收获

通过前面几章的学习，我们从各个方面对自己的性格、兴趣、能力有了深入的了解，经过努力我们学会了很多东西，现在做一次系统的总结，为自己的未来指引方向。

步骤一　凝神静气做好准备，从头开始思考，总结出你对职业、对人生的认知。

步骤二　观照自己的现状，想一想你对未来有什么规划，写出短期目标（1~5年）和长期目标（5~10年），详细列出你想要达到的目标和实施步骤。

步骤三　想一想你学完这本书之后收获了什么。

【知识拓展】

正视困难

人们常常说战争中“胜败乃兵家常事”，其实在人生中“成功与失败也是人之常情”，所以中职生在刚参加工作时，遇到一些困难、失败、挫折也是难免的，关键是如何看待失败，如何战胜失败。

1. 人生之路难得一帆风顺

要做到正确看待失败，就应时刻注意感悟人生。巴尔扎克曾经说过：“人生并非布满了玫瑰花，倒是有时路上的荆棘刺痛了你。”的确如此，生死病死，悲欢离合，酸甜苦辣，荣辱成败才叫生活，才是人生；只有承受一切，进入角色，才成人生；只有理解生活，体验社会，才算人生。

中职生刚踏入社会，会受到各种主、客观条件的限制。主观上包括：确立的工作目标是否正确，能力的高低和知识的积累能否满足工作的需要，自己是否热爱这项工作，有没有全身心投入等；客观上包括：是否具备完成任务的环境和物质条件，人际关系是否和谐，领导是否支持，同事是否配合，确定的工作目标和任务是否符合客观规律等。在现实中要同时具备这些成功的条件是不容易的，许多条件往往要通过积极的争取才能得到，而且还会出现“万事俱备、只欠东风”的情况，而一旦“东风”不到，就会功亏一篑，所以对工作中的困难、挫折应有充分的准备。

2. 正视困难和挫折的磨炼

一个人没有经过困难的洗礼，很难明白人生的真谛。一个不经过困难磨炼的人，不可能有奋勇向前的勇气和毅力。困难是一所最好的学校，每一次失败，每一次打击，每一次损失，都孕育着成功的萌芽。这一切都教会我们在下一次的机会中表现得更为出色。

失败是成功的前期营养。人们看待成功者，习惯于羡慕他成功之后的荣誉，却往往忽略了他成功之前的努力。其实，无数成功者的经验证明，经历了大大小小的失败才最终获得成功。

3. 坚韧不拔才能最终成功

巴尔扎克曾说："不幸是天才的进升之阶，信徒的洗礼之水，能人的无价之宝，弱者的无底之渊。"为什么"不幸"对于有的人就是"无价之宝"，而对于有的人就是"无底之渊"？因为在不幸的重压下，天才、信徒、能人的心中有一股强大的毅力，促使他们顽强地与不幸进行斗争，从而取得胜利，获得幸福。而弱者，由于缺乏这种毅力，才会被压下万丈深渊而无法抽身。

当我们遇到困难与挫折时，要以一种积极的心态去面对，把压力变为动力；要有战胜困难和挫折的信心并保持顽强的毅力，就一定能获得成功。

参考文献

[1] 林霞．职业教育与就业指导［M］．上海：复旦大学出版社，2008.

[2] 王孝武．创新与创业教育［M］．北京：人民教育出版社，2006.

[3] 李书华．职业指导与生涯规划［M］．郑州：大象出版社，2007.

[4] 刘道厚，倪望轩．职业素养与就业指导［M］．北京：科学出版社，2007.

[5] 夏雷震．就业指导与生涯规划［M］．北京：科学出版社，2007.

[6] 董平，石爱勤．职业指导与创业教育［M］．北京：北京大学出版社，2009.

[7] 石雁．劳动权益维护与劳动争议处理［M］．北京：新华出版社，2006.

[8] 张再生．职业生涯规划［M］．天津：天津大学出版社，2007.

[9] 李俊琦．职业准备与就业指导［M］．北京：清华大学出版社，2006.

[10] 李开复．做最好的自己［M］．北京：人民出版社，2005.

[11] 袁文龙．为你自己工作［M］．北京：中国传媒大学出版社，2005.

[12] 刑邦志．心理素质的养成与训练［M］．上海：复旦大学出版社，2002.

[13] 杨治良，边玉芳．心理健康［M］．上海：华东师范大学出版社，2007.

[14] 周倩．解决人生难题心理咨询手册［M］．北京：线装书局，2003.

[15] 姚裕群．职业生涯规划与发展［M］．北京：首都经济贸易大学出版社，2005.

[16] 劳动和社会保障部培训司．创业技能的基础指导［M］．北京：中国劳动社会保障出版社，2003.

[17] 劳动和社会保障部培训司．创业与就业政策指导［M］．北京：中国劳动社会保障出版社，2003.